까꼬막을 오르다
이바구를 만나다
**부산의 마을버스**

까꼬막을 오르다
이바구를 만나다
**부산의 마을버스**

부산문화재단
BUSAN CULTURAL FOUNDATION

# 목차 _CONTENTS

## 부산의 마을버스

**까꼬막을 오르다 이바구를 만나다**

**동길산** 시인·본지 편집위원

–

부산과 경남 고성 산골을 오가며 글 쓴다.
부산에선 연재원고 마감일 넘기지 않기를 바라며,
고성 산골에선 시 한 편 더 쓰기를 바라며 한 달을 보내고 한 해를 보낸다.

# 울퉁불퉁한 길을 덜컹대면서 가다

**동길산** 시인·본지 편집위원

마을버스는 소통이다. 중심지와 외딴 데가 마을버스로 이어지고 저지대와 고지대가 마을버스로 이어진다. 마을버스가 다니는 길은 울퉁불퉁해서 덜컹대기 예사다. 소통에 이르는 길이 원래 그랬다. 울퉁불퉁해서 덜컹대다가 마침내 소통에 닿는다.

마을버스는 실핏줄이다. 구석구석 스며든다. 인체에서 가장 먼 곳에 이르는 핏줄이 실핏줄이듯 도시에서 가장 먼 곳에 닿는 버스가 마을버스다. 실핏줄이 막히면 인체가 막히고 마을버스가 막히면 도시가 막힌다. 마을버스는 도시가 막히지 않도록 구석구석 스며드는 가장 가느다란 버스다.

마을버스는 등불이다. 밤바다 반짝이는 등대이며 밤하늘 반짝이는 잔별이다. 깜깜한 해안에 잠시 멈춰 선 마을버스를 보면 영판 등대다. 높다란 산복도로에 잠시 멈춰 선 마을버스를 보면 영판 잔별이다. 외진 곳 외딴 데서 반짝이는 등불이 마을버스다.

모든 길은 삶으로 이어진다. 길 따로, 삶 따로는 없다. 모든 삶이 소중하듯 모든 길은 소중하다. 손에 물 한 번 묻히지 않고 사는 삶이 소중하고 큰길이 소중한 만큼 손에 늘 물 묻히고 사는 삶도 소중하고 골목길도 소중하다. 길은 삶으로 이어지고 모든 삶, 모든 길은 소중하다.

마을버스는 죽비다. 어깻죽지 내리쳐 가며 모든 삶, 모든 길이 소중하다는 걸 일깨운다. 손에 물 묻히지 않고 사는 삶과 큰길 우러러보는 시선을 내리깔게 하며 손에 늘 물 묻히고 사는 삶과 골목길 외면하던 시선을 되돌리게 한다. 죽비소리 딱딱 날 때마다 정신이 번쩍 들 듯 마을버스가 앞으로 빼고 뒤로 빼기를 반복하는 소리는 나를 돌아보게 한다.

'부산의 마을버스'를 낸다. 부산문화재단 사람·기술·문화 총서 제4권이다. 제1권 '부산의 시장' 제2권 '부산의 점포' 제3권 '부산의 만화'에 이은 네 번째 기획물이다. 마을버스 다니지 않는 도시는 없지만 온전히 마을버스만을 다룬 단행본을 펴낸 도시가 없다는 면에서 이번 '부산의 마을버스' 총서는 값지다.

총서를 낼 때마다 주제 선정이 까탈스러웠다. 주제가 대단히 광범위했고 주제마다 구미를 당겼기 때문이다. 이번 제4권도 마찬가지였다. 부산의 놀이, 부산의 간판, 부산의 외래문화, 부산의 해녀를 놓고서 편집위원 저마다 의견을 개진했다. 이것을 하자니 저것이 아깝고 저것을 하자니 이것이 아까웠다.

'부산의 마을버스'는 그 와중에 불쑥 나왔다. 부산문화재단 기획홍보팀 담당직원 안혜민 씨 제안이었다. 듣는 순간 '그래, 이거다'라는 감이 곧바로 왔다. 편집위원 모두가 동의했다. 주제가 선정되자 이후는 순풍에 돛단배였다. 여러 차례 더 가진 편집회의는 속도감이 있었고 효율적이었다.

부산의 구·군별 마을버스와 노선을 현미경 대듯 들여다봤으며 구·군을 대표하면서 부산을 대표하는 노선을 몇 개의 범주로 나누었다.

범주를 나누는 데는 이견이 있었다. 자연, 문화, 역사, 삶으로 나누자는 의견이 있었고 산, 바다, 강, 도심으로 나누자는 의견이 있었다. 결론은 후자로 났지만 전자도 꽤 괜찮은 분류였다. 외진 곳 외딴 데를 다니는 마을버스 특성상 노거수 같은 자연이 잘 보존된 곳, 골목 벽화처럼 문화 향기가 그윽한 곳, 봉수대 같은 역사적인 명소, 시장이나 공단 같은 삶의 현장으로 분류하니까 때깔이 났다.

문제는 '삶'이었다. 자연이며 문화며 역사며 나름대로 이야깃거리가 넘쳤지만 그 모두가 삶 아닌 곳이 없었다. 삶을 빼고서 자연을 이야기하고 문화를 이야기하고 역사를 이야기하는 게 가식적으로 느껴졌다. 글 쓰는 필자와 교감 과정을 거치겠지만 자칫 잘못하다간 삶의 현장이 왜곡될 소지가 다분했다.

그 대안이 후자의 분류였다. 산, 바다, 강, 도심이었다. 부산의 16개 구·군을 대표할 만한 마을버스를 그 네 가지 범주로 나누니 별 무리가 없었다. 나누다 보니 바다가 여섯, 강이 셋, 산이 셋, 그리고 도심이 다섯이었다. 바다가 월등히 많았다. 그것만 봐도 부산이 바다의 도시, 해양도시임을 확인할 수 있었다. 누가 뭐래도 부산은 바다의 도시다!

마을버스는 '00(구) 0번'으로 표기한다. 그래서 가능하면 16개 구·군에서 하나씩 선정하려고 중지를 모았다. 그런데도 강서구가 하나 더 들어갔다. 구포시장에서 출발해 낙동강, 명지시장, 을숙도를 거쳐 도시철도 하단역이 종점인 강서 13번 마을버스다. 북구와 강서구, 사하구를 잇는 이 마을버스와 가덕도 섬을 오가는 강서 1번 마을버스 중에서 하나를 취하고 하나를 버리기가 차마 난감했다. 부산은 그렇다. 어느 하나를 취하고 어느 하나를 버리지 못하는 도시가 부산이다.

바다를 낀 마을버스는 여섯. 강서 1번, 기장 3번, 남구 2-1번, 사하 15번, 영도 2번, 해운대 2번이다. 물론, 여기 소개한 게 그렇고 실제론 훨씬 많다. 구불구불한 해안선을 달리는 마을버스는 부산의 또 다른 명물이다. 기회가 된다면 이들 마을버스를 차례차례 타 보기를 권한다. 봐도 봐도 또 보고 싶고 봐도 봐도 물리지 않는 부산의 바다 풍광을 천 원 안팎으로 구경하는 알뜰살뜰 여행이 될 것이다.

강서 1번. 가덕도 대항방파제에서 시동을 걸어 같은 곳에서 시동을 끈다. 거가대교의 섬 가덕도 빼어난 해안 경관과 섬사람 강인한 삶의 현장을 고스란히 보여주는 명품 마을버스다. 기장 3번. 육지와 바다의 경계선인 해안도로를 구불구불 아슬아슬 누빈다. 고리 원자력발전소를 거친다. 남구 2-1번. 긴말 하면 사족이다. 오륙도만 들먹여도 된다. 오륙도는 강원도 고성까지 이어지는 동해안 해파랑길 출발점이다. 오륙도와 맞닿은 이기대는 천하제일경이다.

영도 2번. 소금기 묻은 마을버스가 소금기 묻은 길을 다닌다. 마을버스 차창으로 펼쳐지는 파노라마 영도 바다가 시원시원하다. 영화 촬영지 흰여울 마을을 지난다. 사하 15번은 다대포와 몰운대 일대를 다닌다. 다대포 인근에 노을과 철새와 모래톱 전망대, 그리고 봉수대가 있다. 해변에서 수평선 쪽으로 기다랗게 놓인 참나무 다리도 있다.

해운대 2번. 달맞이길과 추리문학관과 청사포! 2017년 여름 들어선 청사포 다릿돌전망대는 해운대를 대표하고 부산을 대표하는 명물이다. 청사포 앞바다에서 해상 등대까지 가지런히 늘어선 다섯 암초가 징검다리 같다고 해서 다릿돌이다. 전망대에서 둥그런 수평선을 오래오래 보고 있으면 마음이 둥글어진다.

강을 낀 마을버스는 셋이다. 강서 13번, 북구 3번, 수영 2번이다. 강서 13번은 구포시장, 김해국제공항, 맥도 자연생태공원, 명지시장, 도시철도 하단역 등을 거친다. 북구 3번 역시 낙동강을 낀다. 강서 13번이 구포시장에서 낙동강 하류 방면 하단으로 간다면 북구 3번은 구포시장에서 낙동강 상류 방면 금곡으로 간다. 수영 2번은 수영강을 낀다. 수영강 가녘 e편한세상 아파트에서 남천삼익 아파트를 오간다. 국보급 고려가요인 정과정곡 유적지가 있다. 수영강에서 온천천으로 이어지는 산책길은 정과정곡처럼 국보급이다.

산 셋은 금정 2-3번, 203번 좌석버스, 중구 1번이다. 금정 2-3번과 203번은 부산의 진산 금정산을 끼고 중구 1번은 부산의 대표적인 명소 산복도로를 낀다. 금정 2-3번. 도시철도 범어사역과 기장군청을 오간다. 철마, 임석 등등 부산의 자연마을을 거친다. 임석은 고인돌, 삼국시대, 통일신라시대 유적지다.

203번은 도시철도 온천장역 맞은편에서 출발한다. 일반버스이지만 금정산성 동문과 남문, 산성마을 비좁고 가파른 길을 오르락내리락 다니는 게 마을버스보다 더 마을버스 같다. 부산의 마을버스를 소개하면서 금정산성과 산성마을을 들르는 203번을 빠뜨리는 건 결례였다. 중구 1번은 자갈치시장 근처 충무동 교차로와 국제시장 근처 부평시장을 오간다. 산복도로에서 내려다보는 부산은 낮도 환하고 밤도 환하다.

동구 1-1번, 부산진 15번, 사상 1-1번, 서구 2번, 연제 1번은 도심 마을버스다. 부산 도심을 부분적으로나마 제대로 보려면 이들 노선이 '딱'이다.

안창마을과 부산진시장을 오가는 동구 마을버스는 부산 근대화를 이끈 범일동 일대 도심을 품는다. 부산진구 마을버스 역시 한국 산업화를 이끈

럭키금성 발상지를 거쳐서 부산 최대 도심 서면을 품는다. 부산시민도서관, 어린이대공원, 삼광사를 지난다.

사상 1-1번은 새로운 기운을 풍긴다. 모라 아파트단지와 사상역을 오가며 부산의 신흥도심 사상에 넘치는 기운을 보여 준다. 서구 2번은 감천문화마을과 충무동 교차로를 오가며 원도심에 이웃한 충무동 일대를 보여 준다. 시청과 물만골을 오가는 연제 1번은 도심이 갖는 발랄함과 물만골 공동체가 갖는 생태미를 동시에 보여 준다.

다시 얘기하지만 부산의 마을버스는 여기 소개한 게 다가 아니다. 소개한 마을버스보다 열 배 이상 많은 마을버스가 부산을 구석구석 다니면서 부산을 이야기한다. 굴곡진 곳을 주저하지 않고 이야기하며 갈라진 곳을 망설이지 않고 이야기한다. 그러면서 밤바다 등대처럼 반짝이며 밤하늘 잔별처럼 반짝인다.

그대, 부산에 스며들고 싶은가? 진정 부산에 다가가고 싶고 진정 부산을 알고 싶은가. 진정 그렇다면 부산의 마을버스를 타고 또 타 볼 일이다. 마을버스 바깥의 풍경에 눈과 마음을 주며, 마을버스 안의 사람에 눈과 마음을 주며 마을버스와 함께 덜컹댈 때 비로소 부산이 제대로 보일 것이다.

고맙단 인사를 해야겠다. 울퉁불퉁한 길을 몇 번이고 덜컹대며 집필해 주신 필진에게 고마움을 전한다. 여기 실린 글은 냉담한 손끝으로 휘갈긴 글이 아니라 뜨거운 심장으로 눌러쓴 글이다. 가장 고마운 분은 마을버스 운전기사분과 마을주민이다. 울퉁불퉁한 길을 덜컹대면서도 끝 간 데까지 가는 그들이 있기에 마을버스가 있고 이 책 '부산의 마을버스'가 나올 수 있었다. 이 책의 진정한 주역은 바로 그들 마을버스 운전기사분과 마을주민이다.

**강동진** 경성대 도시공학과 교수

—

성균관대서 건축을, 서울대에서 역사환경보전(도시설계)을 배웠다.
현재 경성대 도시공학과에서 역사와 문화, 풍경과 자연을 키워드로
부산을 사랑하는 다양한 방법을 가르친다.

# 마을버스에 '부산' 을 싣고

**강동진** 경성대 도시공학과 교수

#1

　마을버스는 급속한 도시화 속에서 태동된 발명품이다. 현대화의 물결
이 급했던 대도시일수록 그렇다. 마을버스의 사전적 의미를 통해서도 알 수
있지만, 마을버스는 경제성과 효율성 측면에서 대형 교통수단들의 여력이 미
치지 못하는 틈새 지역들을 연결하기 위해 창안된 교통수단이다. 도시가 급
하게 팽창하며 미처 계획적으로 조성하거나 관리되지 못했던 곳들을 연결한
다는 의미에서 마을버스는 공평과 공생이라는 시대정신에도 적합한 문명의
이기임에 틀림없어 보인다.

　우리나라에서 마을버스의 시작은 개발이 뜨거웠던 1990년대 초반이
었다. 탄생역사가 벌써 30년이 되어 간다. 세상과 우리 삶이 크게 변한 지난
30년 이었다. 이제 마을버스도 틈새 지역의 연결이라는 고유 기능을 넘어,
새로운 시대로 또 다른 관점으로 나아갈 때가 다가온 듯하다.

　마을버스의 속성을 몇 가지 막연히 떠올려 본다. '일반버스보다는 비교
적 연결 노선이 짧다. 지하철 등 상위교통수단과 연결하여 환승하는 경우가

대부분이다. 좁은 길이나 골목길 등 큰 버스가 다니기 곤란한 길을 다닌다. 도심이나 큰길가에서 떨어진 오지나 소외지역을 연결할 때가 많다. 사이즈가 일반버스에 비해 작아 친근하고 차비도 싸다. 자주 오지 않아 기다릴 때가 많지만 그럼에도 어쩔 수 없이 기다려야 한다.'

이외 마을버스가 가진 또 하나의 특별한 속성은 '동네사람들이 주로 타고, 늘 타는 사람들이 한정적' 이라는 점이다. 이 때문에 익명성에 숨어 오로지 이동만을 목적으로 하는 큰 버스들과 달리, 마을버스의 사람들은 버스 친구이거나 또한 그리될 확률이 매우 높다. 운전기사 아저씨와 동네 할머니, 그리고 초행자들은 상황만 되면 언제든 친구가 되곤 한다.

부산은 높고 낮은 수 십 개소의 이름 모를 산들과 들어가고 나옴을 무한히 반복하는 305km에 이르는 해안선 때문에 한 번에 읽혀지지 않는다. 도시공간구조상, 부산은 큰 길과 작은 길들이 끊임없이 연결은 되어 있지만 어떻게 연결되어 있는지 어디서 연결되는지 쉽게 파악하기 매우 어려운 도시다. 정처 없이 좁고 구불구불한 길들을 따라 끝없이 가다보면 사람들의 발길이 쉬이 닿지 못하는 독특한 장소들에 부산 사람들이 살고 있다. 원래의 것이라기보다는 대부분 해방과 6.25전쟁이 남겨준 시대의 흔적이고 우리의 삶이다.

'도시 오지' 라는 말이 있다. 좁은 길의 끝 점에 연결된 부산의 곳곳들은 도시오지만큼 어울리는 말이 없다. 오지라는 말이 무엇인가? 모(母)도시나 지역과 뚝 떨어져 가기 힘들고 나오기 힘든 그런 곳을 말한다. 오지는 사람들이 쉬이 갈 수 없기에 변화에 둔감한 곳이다. 그래서 그런지 대부분의 부산 도시오지에서는 우리의 부모님을 만날 수 있고 부산의 자연과 옛 정취를 만날 수 있다. 시대에 따라 가벼이 변하지 않는 진짜 부산을 만날 수 있는 것이다.

그곳을 부산의 마을버스들이 달린다. 느리고 작지만 늘 같은 마음으로 마을버스들은 부산의 도시오지들을 연결한다. 도시오지들의 곁에는 언제나 바다와 항구가 있고 또 산과 들이 있기에, 마을버스들은 여러 종류의 다양한 '부산의 것' 을 우리에게 소개하고 펼쳐준다.

#2

이 책에는 16개소의 마을버스들이 등장한다. 구 단위로 움직이다 보니 같은 번호들도 있다. 그래서 마을버스는 반드시 '00(구) 0번 버스' 라고 불러야 한다.

'강서 1번 버스' 는 가덕도가 배경이다. 맘씨 좋은 운전기사 아저씨, 굽이굽이 따로 도는 가파른 섬 길과 바다와 이웃한 섬들이 이루어내는 아름다운 자연풍경을 만날 수 있다. 신공항이 섬사람들의 민심을 흉흉하게 만들었지만, 그럼에도 강서 1번 버스는 극과 극인 첨단산업지대와 근대역사마을을 하나로 연결하며 꿋꿋이 달리고 있다.

낙동강변을 달리는 '강서 13번 버스' 는 정말 특별한 버스다. 시끌벅적한 덕천역과 구포시장, 그리고 하단의 활력 속에서 살아가는 강변사람들의 애환을 담고 달린다는 점도 특별하지만, 강서 13번은 국제선 비행기에서 마을버스로 환승할 수 있는 마을버스다. 이 이상 특별함이 또 어디 있겠는가. 또한 13번은 부산에서는 보기 드문 넓은 평야지대인 맥도(麥島)를 시원하게 통과한다. 만약 2030년 엑스포가 맥도에서 개최된다면 강서 13번은 세계에서 가장 첨단지대를 달리는 마을버스가 되지 않을까싶다.

'금정 2-3번 버스' 는 금정산 아래에서 출발하여 철마의 거문산과 장년산 자락을 따라 굽이굽이 움직인다. 노포역에서 스포원파크와 철마체육공원을 연결하고, 회동수원지가 지척이니 여가생활을 즐기려는 사람들에게는 보석목걸이 같은 소중한 버스길이다. 철마에 이르니 정류장 이름이 마지마을, 미동마을, 석길마을, 백길마을, 와여마을 등 온통 00마을이다. 금정 2-3번은 진정한 마을버스임에 틀림없다.

'기장 3번 버스'는 기장, 일광, 칠암, 임랑을 거쳐 서생에 이르는 천혜의 해안을 달린다. 포구와 기차역, 해수욕장과 방파제를 연결하며 원전지역이라는 슬픔을 아름다운 자연과 매력적인 삶으로 이겨내는 그 모습이 정말 자랑스럽다. 최근 일광역(동해선)의 개통과 해안지역 정주에 대한 관심이 높아진 탓인지 배차간격이 매우 짧다. 단지 20여분! 운행차량이 1대뿐이거나 배차간격이 1시간이 넘는 곳들이 대부분인데, 격세지감이 느껴진다.

'남구 2-1번 버스'는 경성대·부경대역에서 오륙도를 연결한다. 사실이 버스길은 도심에서 또 사회에서 밀려난 사람들의 곤고한 삶을 이어주던 길이었다. 그러나 지금은 수많은 대학생들과 아파트주민들, 그리고 이기대와 오륙도라는 명승을 떠올리는 이름난 버스길이 되었다. 어떻게 보면 남구 2-1버스는 지하철역과 명승 연결이라는 부산형 마을버스의 전형을 보여주고 있다고 할 수 있다.

'동구 1-1번 버스'의 노선은 매우 특별하다. 호랭이마을(옛 안창마을)에서 시작하여 범내골, 범일동, 조방, 매축지, 부산진을 돌아오는 버스길은 피란시대와 산복도로의 다양한 애환을 느끼게 한다. 이 길은 조금 불안정하다 싶을 정도의 다이내믹한 부산의 정취가 전해지는 바쁘게 살아 움직이는 부산의 특별한 길이다.

'203번 버스'는 마을버스를 닮은 특이한 '좌석' 버스다. 온천장에서 금정산성의 죽전마을을 연결한다. 우두커니 혼자 버스 창가에 앉아 있다 보면 굽이굽이 돌아가는 금정산의 매력과 산행, 막걸리, 염소고기 등 산성마을의 흥미로움에 빠져든다. 203번은 차 없는 산성마을사람들의 필수품이자 금정산과 산성마을을 찾는 사람들에게는 친구 같은 버스다.

'부산진 15번 버스'는 최근 가장 분주해진 마을버스 중 하나다. 서면과 부전시장, 삼광사와 어린이대공원을 연결하는 것 만해도 바빠 보이는데, 부산시민공원이 더해지며 주말이면 버스길이 어린이들과 가족들로 넘쳐난다. 버스가 지나는 길에는 모두 부산진구의 자랑거리들과 명소들이 즐비하다. 진정 진구의 명물이 아닐 수 없다.

'북구 3번 버스'는 금곡과 화명의 새로운 사람들을 구포역과 구포시장으로 실어 나른다. 특이하게도 금곡지역을 제외하면 노선이 지하철 2호선의 노선과 중첩된다. 지하철과 경쟁도 하겠지만, 지하철이 대처할 수 없는 짧은 연결을 감당하고 있으리라. 마을버스의 소중한 존재감이 빛나는 북구 3번 버스다.

'사상 1-1번 버스'는 사상(특히 사상시외버스터미널)과 덕포를 거쳐 모라를 연결하며, 지하철이 갈 수 없는 공단지역과 고지대 주거지역을 연결하는 사상의 상징적인 마을버스다. 공단사람들의 애환이 스며있는 버스이지만, 한편으론 낙동강을 가장 멋지게 내려다볼 수 있는 매력적인 낙동강 풍광 버스이기도 하다.

'서구 2번 버스'는 감천문화마을을 찾는 이들의 발이 된다. 자갈치역과 토성역을 거쳐 아미동을 지나 감천문화마을을 연결한다. 유명세를 타다보니 정작 지역주민들이 탈 때면 불편을 겪는다. 그래서 감천문화마을에서 묘안을 내어 자체적으로 마을버스를 한 대 마련했다. 버스회사 측과의 협력과 양보가 전제된 순수한 주민들만 타는 마을버스다. 더 멋진 것은 버스구입비 약 1억원을 감천문화마을 내 마을기업들이 공동으로 모았고, 운전기사 아저씨도 주민이라는 사실이다. 마을버스가 공감과 공생의 장치가 될 수 있다는 사실이 반갑기만 하다.

'수영 2번 버스'는 부산에서 가장 핫(hot)한 버스다. F1963이라는 문화공간으로 리모델링한 산업유산(옛 고려제강)과 망미역, 수영역을 연결하기 때문이다. F1963은 2016년도 부산비엔날레 개최 장소였고 2017년도에는 부산국제건축제 등 다양한 문화행사들이 끊이지 않으니, 수영 2번 버스는 부산의 신(新)문화를 싣고 달리는 버스라 해도 과언이 아니다. '마을버스가 신문화를 싣고 달린다.'라는 상상! 정말 그럴듯하다.

'연제 1번 버스'는 물만골에서 출발하여 연제구청, 부산시청을 돌아오는 코스다. 1번 답게 연제구의 상징 마을과 시설들을 연결한다. 물만골은 원래 우리나라 마을만들기운동의 발상지다. 당시 어느 마을도 생각하지 못했던 1990년대에 자발적인 주민공동체회복운동을 시작했다. 안타깝게도 리더의 병환과 전국적으로 경쟁마을들이 생기면서 호기를 놓치고 말았다. 그럼에도 여전히 주민들은 물만골에서 지속가능한 삶을 살아가고 있다. 언젠가 다시 불어올 물만골의 부활을 기대해본다.

'영도 2번 버스'가 달리는 길에는 일제강점기, 해방기와 전쟁기, 피란기와 재건기를 거쳤던 지난 80여 년 동안 영도다리를 건넜던 수많은 사람들의 애환이 담겨있다. 깡깡이길이라는 대평동 조선소의 옛 영화(榮華)와 남항동, 영선동, 신성동으로 이어지는 고단했던 지난 시절의 삶이 고스란히 버스길 주변에 녹아있다. 이곳에 변화가 찾아오고 있다. 버스가 출발하는 깡깡이마을(길)과 중간 기착지인 흰여울문화마을에 도시재생사업이 시작되면서 젊은이들이 버스를 타기 시작한 것이다. 주말이면 영도구 2번은 엄청 젊어진다.

'중구 1번 버스'는 충무동교차로(자갈치역 근처)에서 보수산을 올라 민주공원과 닥밭골마을 뒤를 돌아 구덕운동장을 거쳐 동대신역에 이르는 어찌 보면 근대부산의 역사와 생활문화를 뒤돌아볼 수 있는 부산 최고의 마을버스 노선이다. 가파른 산길을 끙끙대며 올라가는 버스를 만날 때면 마치 덩치 큰 사람이 땀을 뻘뻘 흘리는 듯해서 늘 미안하다. 그래서 더더욱 고맙다.

'해운대 2번 버스'는 오래된 해운대의 길잡이다. 해운대지하철역~달맞이길~장산역~청사포로 이어지는 버스길은 눈에 보이지 않는 해운대의 흥망성쇠를 경험할 수 있다. 시간이 멈추어 서있는 해운대 온천지대, 유럽 어디

역사와 생활문화 속을 달리는 중구 1번 버스

선가에서 만난 듯한 달맞이길, 확 터진 동해바다가 펼쳐지는 소담한 청사포.

이에 반해 100층이 넘는 마천루(공사중)와 와우산 자락에 성벽처럼 서 있는 아파트들을 볼라치면 해운대의 아픔이 혹하고 다가온다. 만감이 교차되는 특별한 버스길이다.

16개소 마을버스들의 존재 이유가 정말 제각각이다. 따뜻함과 정겨움은 물론이고, 슬픈 애환조차도 우리의 것이 되는 그런 버스길들이다. 그러다 보니 마을버스는 온통 고마운 것뿐이다. 존재 자체가 고맙고, 만나는 운전기사 아저씨와 오지와 명소를 찾아가는 젊은이들도 고맙고, 단골손님인 동네 할머니들도 고맙다. 그 길을 지켜주어서 고맙고 또 찾아주고 타 주어서 고맙다. 소개되는 마을버스들의 공통점을 간략히 정리해 본다.

첫째는 '마을버스가 다니는 지역'이다. 모두 오지거나 고지대와 급경사 지대를 오간다. 큰 버스들로는(수지가 안 맞고 접근이 어려워서)갈 수 없는 지역을 마을버스들이 다니고 있다.

둘째는 '마을버스가 달리는 길'이다. 좁다, 굽었다, 경사가 급하다 등의 특징을 가지는 길들을 달린다. 사실 부산의 마을버스들이 다니는 길은 매우 위험하다.

셋째는 '마을버스 사람들'이다. 대부분이 서민들이고 나그네들이다. 자가용을 이용할 수 없는 사람들이며 도시약자들도 많다. 그렇다. 부산의 마을버스는 '좁고 가파른 길로 연결된 오지와 고지대를 연결하는 서민들의 발이자 나그네의 친구다.'

#3

맘대로 내려 본 정의 속에는 몇 가지 안타까움이 담겨있다. 위험한 마을버스, 불편한 마을버스, 지역민의 삶을 진정으로 배려할 수 없는 특징 없는 마을버스에 대한 아쉬움이다. 이것은 도시역사와 지형지세와 관련된 부산의 마을들이 가진 특수성을 반영해달라는, '부산밀착형 마을버스'에 대한 요청이기도 하다. 또한 이 책이 기획된 이유이기도 하다.

'부산밀착형 마을버스!' 과연 무엇일까? 오래전 언젠가 마을버스를 타고 산복도로를 거쳐 어느 전통시장 앞에 이르렀다. 허리가 굽으신 할머니 한분이 시장보따리를 버스 안으로 던지다시피 한 후 버스 안 계단을 포복 자세로 기어오르는 장면을 목격했다. 도대체 이게 무슨 상황인가. 순간 얼음이 되어 멈춰 선 채 아무것도 할 수가 없었다. 힘겨운 버스 기어오르기를 마친 후 아무 일 없었다는 듯 빈자리 찾던 그 할머니를 잊을 수가 없다. 매일 그리 다니시지 않았을까. "수년을 반복하고 있을 텐데..." 라는 생각을 하니 나오는 건 한 숨뿐이었다.

일본 가나자와에 '프라트' 라는 예쁘고 작은 버스가 있다. 'flat bus'.

버스 바닥이 인도와 거의 같은 높이를 가진 '밑이 납작한 저상 버스' 를 말한다. 도시약자들을 위한 버스다. 이 마을버스는 골목골목을 누비며 자가용에 의존할 수 없거나 보행이 어려운 사람들을 도심으로 실어 나른다. 바닥을 낮추고 예쁘게 색칠한 버스가 갑갑한 집과 골목에 갇힌 약자들에게 생기를 북돋우어 주는 것이다.

그렇다면, 부산밀착형 마을버스에 대한 논의는 교통불모지역의 교통수단이라는 단순한 접근에서 벗어나야 하고 또한 몇 발자국을 성큼 내딛어야 한다. 위험하고, 불편하고, 특징없는 마을버스를 극복할 수 있는 방법은 무엇일까?

최근 유행처럼 등장한 도시재생 개념은 지역이 보유한 자산 중심의 특

이성에 의존하는 경향이 강하다. 자산에는 인문 자산, 역사 자산, 자연 자산도 있고, 인적 자산도 있다. 마을버스의 관점에서는 모든 자산들이 관련되지만 단연코 '인적 자산', 그 중에서도 지역민인 도시약자와 밀접하게 관련된다.

　　오지의 도시약자들에 있어 마을버스는 거의 유일한 이동수단이며 소통장치다. 마을버스가 이들의 삶 속에 더 깊숙이 자리 잡을 수 있는 방법은 없을까?

　　시각에 따라 또 여력에 따라 여러 방법이 있겠지만, 무엇보다 먼저 '저상형 버스'를 도입해야 한다고 생각한다. 우리나라 도시는 땅의 요철이 심해서 어렵다고 할지 모른다. 또 특수제작을 해야 하기 때문에 현실성이 없다고 할지 모른다. 그러나 마을버스가 다니는 길만 요철이 없도록 하고, 마을버스만큼은 수지타산을 무시하면 되지 않는가. 발상만 바꾼다면 못할 일이 없다. 저상형 버스에 또 하나의 조건을 덧붙인다면 '재생에너지 버스' 를 꼽고 싶다. 마을버스가 전기로 다닌다면 어떨까. 한술 더 떠 태양열로 달린다면 어떨까. 기술적으로 비용적으로 실용화는 얼마든지 가능할 것이다.

더 나아가 마을버스 정류장을 여러 유형의 공동체지원시설들과 결합시키면 어떨까? 아기를 마을버스탁아소에 맡기고 바로 버스를 타고 출근할 수 있다면! 그 마을은 과연 어떤 모습으로 변해갈까?

도시는 유기체라 한다. 스스로 움직이기보다는 사람들의 생각과 판단에 의해 도시는 작동하며 변해간다. 유기체의 생명 유지를 위해서는 물질 순환이 필수적이다. 배려와 공감으로 꽉 찬 실핏줄 같은 마을버스 노선들이 도시라는 유기체의 부위 곳곳과 치밀하게 결합되어 있다면 그 도시는 분명 건강할 것이다. 물론 마을버스와 운영 시스템만으로 이 사안을 온전히 해결할 수는 없을 것이다. 그러나 건강한 유기체를 위한 사람들의 생각과 노력들이 더해진다면 분명 도시는 올바르게 변할 것이다.

부산의 마을버스는 이동만을 위한 교통수단이 아니다. 수없이 다양한 '부산의 것' 을 지탱하고 연결하는 전달매개체이다. 부산의 마을버스! 보다 깊은 정성을 보태고, 혁신의 발상으로 집중해야 한다.

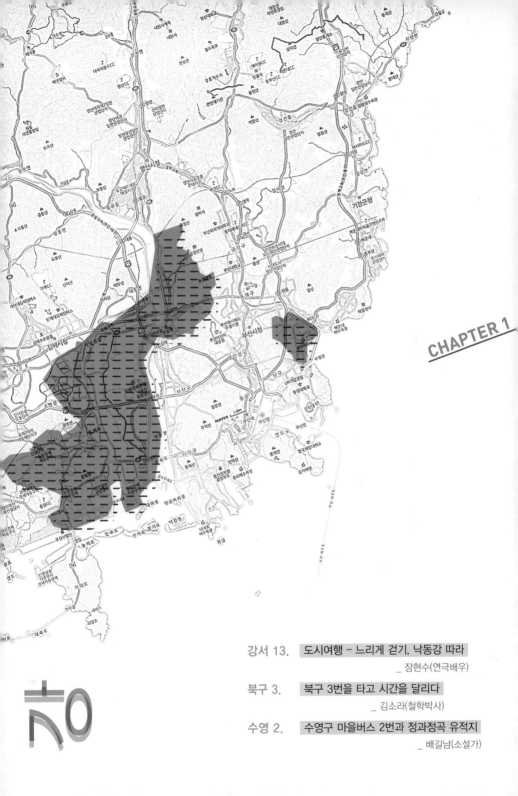

**장현수** 연극배우

–

걷기와 글쓰기를 좋아하며,

아름답게 살다 품위있게 죽기를 바라는... 부산 남자.

스페인어 문화권에서 현지인들에게 한국어 가르치는 일을 꿈꾸며

부산교육대학 대학원에서 공부하는 중이다.

사교육을 시키지 않는 세 아이의 아빠이기도 하다.

## 강서구. 도시여행–느리게 걷기, 낙동강 따라

**장현수** 연극배우

하단(下端). 강(江) 끝이란 말인가? 한자를 살펴 보면 그렇지만도 않은 거 같다. 하단(河端)이 아니지 않는가. 어릴 적에 듣던 말로는 모래구찌라고 근처 사람들이 부르던 곳이다. 사하구(沙下區), 사상구(沙上區)라는 지역 명에서 알 수 있듯이 모래가(많이) 쌓여 있던 지역의 특성을 말하는 것 같다.

구찌는 일본어 口를 발음하는 단어가 합쳐진 것 같고... 아무튼 강원도 황지에서 발원한 물줄기가 굽이 굽이 700리 길을 흘러서 형성된 삼각주가 을숙도이다. 1987년 하구언이 개통되어 명지와 하단을 이어서 길을 만들었다. 도로는 섬을 나누어 놓았다. 그 전까지는 하단삼거리로 부르던 곳이 현재 하단오거리가 되었다. 그즈음 한창 불었던 프로야구 열풍에 아이들은 차도 다니지 않고 허허로운 벌판을 운동장 삼아 뛰어 다녔다. 안전한 곳이었다.

교통이 불편한 탓에 명지에서 학교를 다니던 한 친구는 늘상 지각하기 일쑤였다. 통통배로 강을 건너온다고 했다. 인구가 30만명이 넘는 지역이라도 여태 영화관 하나 없다가 얼마 전에서야 겨우 문명의 혜택을 보았다면 지나친 엄살일는지 모르겠지만, 부산의 동서격차를 보여주는 하나의 사례는

마을버스라고 하지만 크기가 보통 시내버스와 다르지 않은 것 같다.

될 것이다.

강서 13번 마을 버스는 그 새로 생긴 영화관 건물이 위치한 곳 앞 도로를 종점 삼아 유턴을 한다. 부산에서 몇 안되는, 오래된 버스중앙차선 지역이다. 아침이면 녹산이나 생곡, 지사, 미음 등의 산업 단지로 일을 나가는 사람들의 행렬로 도로는 꽉 막힌다. 반대로 퇴근 시간에는 하구언 다리 위를 넘어 오는 차들로 장사진이다.

잘 아는 동네이면서도 글을 적어야 한다는 목적을 가진 여행은 묘한 느낌을 안겨 주었다. 당연히 출퇴근 시간을 피해서 가벼운 마음으로 버스에 올랐다. 마을버스라고 하지만 크기가 보통 시내버스와 다르지 않은 것 같다.

한 정류장을 지나면 바로 을숙도다. 새가 잠 자는 곳? 아니 한자를 보면 새 을(乙), 물맑을 숙(淑)이라고 하는 섬이다. 물이 맑아서 새가 많은 지 모르겠지만... 세계 최대의 철새도래지라는 명성을 가진 적도 있었다고 한다.

2005년에 놓인 을숙도대교도 공사를 놓고 환경(철새도래지)과 (사람들의)교통 편의 입장 문제로 오랜 진통을 겪었던 걸로 기억하는데 절충하는 방안으로 다리의 모양이 굽어진 형태가 되었다고 한다. 인간과 자연의 공존은 끊임없이 제기되고 고민되어야 할 문제가 아닌가 싶다.

앨런 와이즈먼의 '인간없는 세상' 이란 책을 보면 지구는 급속히 자신의 방식으로 복원을 하게 된다고 한다. 무섭다는 생각이 들 정도로 인간의 자리는 없어져 버리는 것인데 다른 동식물들과 같이 살아가면서 조화로운 지경이 어느 정도인지는 궁금하다.

1966년 천연기념물 제179호로 지정된 을숙도는 예전만큼은 아니지만 여전히 50여종의 새들이 10만마리 정도 찾아 온다고 한다. 2007년에 개관한 에코센터에 가면 낙동강 하구의 역사와 생성 과정, 서식하는 철새 등에 대한 안내와 더불어 철새 탐조 체험도 가능하다고 한다. 탐방로를 걸어 본 기억은 나는데 배는 타 보지 못했다.

에코센터가 을숙도 도로의 남쪽 편에 있는 반면에 북쪽으로는 을숙도 문화회관과 내년에 문을 열게 될 부산현대미술관이 있다. 부산의 동쪽에 밀집해 있는 문화 인프라가 서쪽에도 필요하다고 간절히 느끼던 차에 가뭄의 단비같은 시설 아닐까 싶다. 외형의 모습이 성냥갑 같아 미학적인 요소가 부족하다는 등 혹평도 적지 않다고는 하나 중요한 것은 뚝배기보다 장맛 아니겠는가. 문질빈빈(文質彬彬)하면이야 더할 나위없겠지만...

일별할 틈도 없이 획 지나가는 버스 안에서 정면에 예쁜 나무 육교가 보인다. 아마 부산에서는 유일한 곳이 아닐런지? 정면으로 계속해서 달려가면 진해와 경마장 가는 길이 갈라지는 곳이 나오겠지만, 버스는 오른쪽으로 방향을 잡고 명지시장과 명지 새동네 쪽으로 간다. 마을 버스의 본연의 임무(!)는 주민들이 사는 구석구석 최대한 많이 들러주는 것 아니겠는가.

입추 지난 계절이나 그런지 가을전어 입하를 알리는 플래카드도 보이고 멀리 바닷가에 매어 둔 작은 어선들이 한적해 보인다. 버스 정류소 명칭이 좀 예스럽다. "동자", "염막1구", "작지" 저마다 사연도 있고 유래도 있을 테지만 생소함은 웃음을 주기도 한다. 비극의 원리는 동질감이고 희극의 원리는 이질감이라고 누가 그랬던가? 세련되고 도회적인 작명의 홍수에 빠져있다 보면 오래 전부터 불리어 오던 이름이 오히려 생경하다. 명지라는 이름은 어디에서 왔을까? 우는 땅? 명지(鳴地). 갈대 숲에서 새가 울어서 그런가 쉽게 추측해보기도 하지만, 동국여지승람 김해부 산천조 편에 이런 기록이 있다고 한다.

"명지섬이 김해부 남쪽 바다 복판에 있는데 물길로 40리 거리이고 둘레는 17리이다. 큰 비나 큰 가뭄, 큰 바람이 불려고 하면 반드시 섬이 우는데 그 소리가 어떤 때는 우레와 같고 북 소리나 종소리와 같기도 하다. 그러나 이 섬에서 들으면 그 소리가 다시 멀어져서 어느 곳에서 그 소리가 나는지 알 수 없다."

이러한 신기한 명지동의 자연현상은 명지가 김해에 속해 있을 때부터 기이한 화제로 전해져 왔다. 어떤 사람은 이를 강가의 무성한 갈대가 바람에 흔들리며 내는 소리라 했고, 또 어떤 이는 낙동강을 거슬러 오르는 조수의 너울들이 뭍이나 바위에 부딪혀서 울리는 소리라고 했다. 멀리 명지 밖을 지나는 고래 떼의 울음 소리라거나 명지의 독특한 지형 때문에 우레 소리가 녹산 쪽 언덕에 반향되는 거라는 설까지 있었지만 지금은 들을 수가 없다고 한다. 넓게 펼쳐져 있던 대파 밭은 개발, 보상 이런 단어와 함께 사라져 아파트 단지 신축 공사 소음과 도로를 질주하는 자동차 소음만이 남았다.

명지에는 소금이 중요 특산물이었다고 한다. 조선시대에 낙동강 하구는 영남 최대의 염전지대였는데 용호동 분개소금과 더불어 유명했고, 명지소금은 생산량이 대단히 많았다. 일제 강점기에도 매년 10만 가마를 생산되서 전국 각지로 공급되었다고 하는데... 지금은 왜 흔적조차 없게 된 것일까. 소금을 생산하는 일이 땡볕에 일하는 고된 노역이고 사회적으로도 대접받지 못하는 염호라는 하층신분이어서일까? 조운 업무와 군사 업무에도 징발되어 가혹한 현실을 견디지 못하던 염호들의 진정을 받아 준 조선 말기 경상도 관찰사 김상휴의 공덕비(영세불망비)가 아직도 명지파출소 앞에 남아 있는데 그 내용은 "향후 김해부의 산창은 염민을 침범하지 말라. 조선과 공선의 사공으로 염민을 동원하지 말라. 각 군청의 장무와 어금군은 염민을 침범하지 말라. 주사군도 침해하지 말라." 는 것이었다.

마을버스는 염막1구 정류장을 지나 쭉쭉 뻗은 공항로(도로 이름이 실제 이건지는 모르겠다. 그냥 김해공항으로 가는 길이라 생각없이 그렇게 불러 본다)를 달린다. 너무 넓은 도로가 한가운데는 나무들이 심어져 있다. 이름모를 나무들이다. 아니 붉은 꽃들이 진한 나무 하나 정도는 알 것 같다! 백일홍! 정확히 말해서 배롱나무다. 중앙분리대에만 있는 것이 아니다. 우측 가장자리 인도에소 띄엄띄엄 자태를 뽐내고 있다.

목백일홍을 배롱나무라고 하는데 사실 초본과 목본이 전혀 다른 꽃이다. 백일홍 꽃은 멕시코 원산의 국화과이고 목 백일홍은 중국 원산의 부처꽃과이다. 화무십일홍(花無十日紅)이라는 말이 있듯이 아름다움 오래가지 못한다는 대명사로 쓰이지만 배롱나무는 여름내 몇 달씩 장마와 더위를 거뜬히 이겨내면서 꽃을 피워 낸다. 주로 진한 분홍이지만 간혹 흰색이나 다소 열은 분홍색 꽃도 있다. 그런데 사실 배롱나무의 꽃은 한 송이가 피어 그토록 오랜 나날을 견디는 것이 아니고 수많은 꽃들이 원추상의 꽃차례를 이루어 차례로 피어나는데 그 기간이 100일이 되는 것이다. 하나보다 전체의 힘이 강하다고나 할까

배롱나무의 줄기는 갈색에서 담홍색을 띠며 간혹 흰색의 둥근 얼룩이 있다. 껍질은 얇아 매우 매끄럽다. 이 매끄러운 줄기에는 많은 가지가 옆으로 달리고, 퍼져서 편편한 나무 모양을 이루어 부채꼴이 된다. 그래서인지 배롱나무는 어느 곳에 가도 무리지어 있는 것이 없다. 한그루씩 외로이 서서 그 아름다운 나뭇가지를 옆으로 드리우고 한껏 모양을 자랑한다. 이러한 특징은 배롱나무가 양지를 좋아하고 그늘에서는 잘 자라지 못하는 생육상의 특징과 잘 맞는다. 사람은 큰 사람 밑으로 가고, 나무는 작은 나무 옆에 있어야 한다고 했던가. 자엽의 섭리가 오묘하다.

줄줄이 아름다운 배롱나무를 보다 보니 눈에 맥도생태공원이 보인다. 잠시 버스에서 내려야 겠다. 공원 안쪽으로 버스가 들어 가진 못하니 말이다.

약간의 경사진 길을 올랐다가 이내 내려서니 또다른 세상이다. 포장된 이차선 도로에 차는 한 대도 다니지 않고 가로수들이 끝없이 심겨져 있다. 메타세콰이어인가? 중학교 미술시간에 배운 대각선 구도로 멀리 소실점이 보이는 전형적인 한적한 길의 풍광이다. 오른쪽엔 탐방로 같은 목재(재질이 느껴지게 하는 플라스틱)데크가 이어져 있다.

연꽃밭이다! 제철이 조금 지나서인지 꽃잎을 다 떨어뜨리고 안에 줄기

만 남아 있는 꽃들도 있다. 그렇지만 뒤늦게 피웠거나 이제 피려고 하는 꽃들도 있다. 분홍, 하양, 연분홍, 진분홍. 다 다르지만 모두 아름답다. 연잎도 아름답고 이름 모를 수초도 아름답다. 조화롭다. 누가 굳이 만들지 않아도 존재하는 것들. 아니 사람이 만들지 않았다 뿐이지 햇살과 바람과 물과 그 밑에 있는 흙들이 도왔던 것이겠지. 사람은 그저 느낄 수 있을 뿐이다.

하구언에서부터 낙동강 아래쪽에서부터 맥도, 삼락, 대저, 화명. 생태공원이 양 옆으로 만들어져 있다. 넓은 주차장도 있고 자전거를 빌려 주는 곳도 있다. 그리 멀지 않은 곳에 있으면서도 자주 찾지 못하고 인식조차 않았던 곳들... 가만히 있어도 편안함이 느껴지는 저마다의 장소가 있다면 얼마나 좋을까. 누구나 그런 곳을 한 번쯤 꿈꾸지 않을까?

다시 버스를 타고 길을 달린다. 강서브라이트센터 라는 곳을 지나고 김해공항 터미널 앞을 한 바퀴 빙 돈다. 국내선, 국제선. 주차장은 이미 만원이다. 휴가철을 맞아 떠나고 돌아오는 사람들로 붐비는 것인지 원래 그런 것인지 알 길은 없으나 여행의 기운이 물씬 풍긴다. 하늘 너머로 멀리 떠날 수는 없어도 두 발로 걸어서 다닐 수 있다는 것도 새삼 고맙다. 가까이 두고도 볼 수 없다면 굳이 멀리 가서 무엇하랴 라는 알량한 자족도 해본다.

정류소마다 거리가 멀찍이라 금세 버스는 강서구청 근처에 이른다. 꽃을 키워서 파는 화원들이 보인다. 큰 꽃집이라고 해야 하나. 강서구청 앞 뒤로 큰 도로와 작은 도로가 있는데, 작은 도로는 옛날엔 유일한 도로였으리라.

길 가에 농협도 있고 다방도 있다. 식당들도 많이 보인다. 이제 다리 하나만 건너면 구포다. 예전에는 구포 다리라고 했는데... 새로 지어서인지 구포대교다. 다리가 더 정겹다. 거북선 모양의 전철역이 보인다. 구포역이다.

KTX가 다니는 역은 도로가에서는 잘 보이지 않는다. 안쪽으로 들어

앉았기 때문이다. 구포역과 구포 시장은 바로 옆에 붙어 있다.

　　구포라는 이름은 마을 뒤에 있는 범방산 전체 모습이 거북이처럼 생겼고 거북이가 물가의 모래밭에 구멍을 파고 쉬어가던 곳에서도 유래했다고 한다. 구포에는 감동진 나루터가 있는데 이는 조선시대 낙동강 유역의 3대 나룻터 중 하나이다. (상주 낙동나루, 합천 밤마리 나루와 함께)나루터 옆에는 세곡을 보관하던 감동창이 있었다고 한다.

　　구포시장은 강서 13번 버스의 종점이다. 현대식으로 화장실도 크게 지어져 있었다. 버스에서 내려 시장으로 들어 가는 입구. 비를 가려주는 시설들이 통로마다 설치되어 있다. 우측으로 가면 의류, 좌측으로 가면 농축산물 과일 등 먹거리다. 5일장이 아니라 상설장이라 그런지 옛날 장터의 모습은 아니다. 들어가는 입구부터 계단이 있어서 좀 불편하다는 생각도 들었다.

　　파는 물건마다 가격표를 붙여 놓았다. 일일이 말걸고 흥정하고 그런 광경도 지난 날의 향수일 거 같다. '이 세상에 에누리 없는 장사가 어딨냐' 고 하지만 현대적인 시장 모습 속에서 정확한 계산이 더 마음 편한 세상이 되었는지도 모른다. 시장 통로를 지나 밖으로 나오니 약초시장이라는 또다른 통로가 보였다. 지나 온 길 보단 한적했지만 약재들을 쌓아 둔 가게들이 좌우로 정렬되어 있었다. 드문드문 여관이나 식당, 약국도 있었다. 구포국수가 유명하다던데 막상 와보니 눈에 많이 띄지는 않았다.

　　사람은 보고 싶은 것만 본다던가. 내 눈엔 떡집이 많이 보였다.

　　약초시장을 지나서 반대편으로 나가보니 생긴지 얼마 되지 않은 듯한 '스트리트624' 라는 건물이 보인다. 외벽의 그라피티가 인상적이다. 맞다. 지난 여름에 혼자 연극을 보러 온 적이 있는 곳이다. 구포시장에서 이렇게 가까웠나 싶기도 하다. 빗방울이 떨어진다. 다시 시장통으로 들어 가서 비를 피해야겠다.

왔던 길로 다시 가긴 싫고 무작정 걷다 보니... 철창 안에 갇힌 개들이 보인다. 크기가 송아지만한 건 아니지만 공원에서 흔히 볼 수 있는 작은 종(種)은 아니다. 그 유명한 구포 개시장?! 차마 사진기를 들이댈 순 없었다. 겁에 질린 표정이나 아무렇지도 않은 천하태평인 모습이나 제각각이었지만 어떻게 될 신세인지 짐작이 갔기 때문에...

속칭 개시장이라고는 했지만 개를 파는 곳보단 닭을 철창 안에 넣어두고 파는 곳이 많았다. 직접 재료(?)를 사서 손질하고 요리하는 사람이 얼마나 많은 지는 모르겠으나 생명이 고기가 되는 걸 상상하니 입맛이 떨어지는 것 같았다.

그 거리를 지나고 나니 다시 처음 들어 섰던 구포시장 입구가 나왔다.

1919년 3월 1일. 만세운동을 시작했던 곳이라고 하는데 쉽게 상상이 가지 않는다. 장터 입구엔 여전히 태극기가 부착되어 있지만 하루 하루를 살아가는 사람들의 모습은 물건을 팔고 밥을 먹고 길을 걷고 너무나 평범하지 않은가. 어려움이 닥치면 그것을 극복하기 위해 뭉치고 행동하고 나서지만 그렇지 않을 때는 고요하다. 유유히 흐르는 강물이 범람하지는 않아도 그 아래에서는 오히려 세차게 흘러가는 것처럼 말이다. 나른한 여름 오후가 평화롭기만 하다.

정터 입구엔 여전히 태극기가 부착되어 있지만 하루 하루를 살아가는 사람들의 모습은 물결을 빨고 밥을 먹고 길을 걷고 너무나 평범하지 않은가.

**김소라** 철학박사/공간소두대표

‒

부산대에서 미술을 전공하고 영남대 대학원에서 미학미술사 석사를,
동의대 대학원에서 철학박사학위를 받았다.
그동안 공부한 것들을 바탕으로 미술작품을 대중에게 소개하고
비평하는 일을 한다.
부산 미술비평잡지 비아트 에디터였으며,
현재는 북구 금곡동에서 미술작품을 전시하는 <공간소두>를 운영한다.

# 북구. 부산 북구 3번 마을버스를 타고 시간을 달리다

**김소라** 철학박사/공간소두대표

#1 금곡에서 구포까지

3번 마을버스는 내가 살고 있는 곳이자 부산의 끝 동네인 금곡동에 종점이 있다. 여기서 출발하여 화명동과 덕천 교차로를 지나 구포시장을 돌아오기를 반복하니 종점 겸 출발지점이다. 지도에서 보면 이 노선은 거의 일직선이다. 구포 물금 간 경부선 철도와 지하철 2호선이 친구처럼 이 길과 평행하게 달린다. 버스가 없었던 시절에도 명절이나 제사를 앞둔 사람들이 이 방향을 따라 구포장을 보러 다녔을 것이다. 소달구지나 나룻배를 타고서 말이다. 동네 안에 변변한 시장이 없어 이 곳에 살고 있는 많은 사람들이 지금도 장을 보기 위해 이 버스를 탄다.

이 노선 주변으로 금곡의 공창마을 동원마을 화정마을 율리마을이, 화명의 대천마을 와석마을 용당마을 수정마을이 이어진다. 예전의 자연부락일 때 이름이다. 신도시개발로 아파트들이 들어서면서 이 마을들은 대부분 사라졌다. 지금 그 이름들은 지하철역이나 버스 정류소, 혹은 학교 이름만으로 간간히 전해질 뿐이다. 나도 신도시가 건설된 이후에 들어온 이방인

이다. 그래서 이 지역의 옛 모습에 대해 거의 알지 못한다. 그러나 이 모든 인
공적인 풍경들을 끌어안고 있는 산과 강의 너그러운 품은 언제나 느낀다.

　3번 마을버스를 타고 낙동강 물길과 금정산 능선들 사이에 길게 뻗어있
는 대로를 달릴 때면, 예전에 이 일대는 어떤 모습이었을지 궁금해지면서 마
음속에 다양한 풍경들을 그려보곤 한다.

#2 신석기시대 율리패총에서 조선시대 공창마을까지

　금곡 화명 일대는 아주 옛날 낙동강 삼각주가 바다였을 때 바다 동쪽
연안을 이루는 지역이었다. 뿐만 아니라 금정산 줄기를 배경으로 하고 있어
선사시대부터 어로와 수렵이 동시에 가능한 경제생활의 최적지였다.

　그 흔적이 금곡동 율리마을 인근에 있다. 지금은 '율리역' 이라는 지하철

2호선 역 이름으로만 남은 율리는 금정산에서 남서쪽으로 뻗은 능선 기슭에 있었다. 이 일대에서 자연암벽으로 된 '바위그늘집' 과 '조개무지' 들이 어울려있는 이른바 '율리패총' 이 발견된 것이다. 자연적으로 만들어진 작은 바위 암굴에 살면서 강에서 잡은 조개와 물고기 그리고 산에서 사냥한 짐승들을 불에 익혀 먹었던 흔적들이 남아있다. 조개무지에 물고기나 짐승들의 뼈가 섞여있고, 바위그늘집 안팎에 불을 피웠던 화덕들이 여럿 발견된 것을 보면 그렇다. 거기서 발견된 토기의 양식이 이 유적을 신석기 시대 말기의 것으로 추정하는 결정적인 근거가 된다.

율리유적이 선사시대의 주거와 생존에 관한 흔적을 보여주었다면, 화명동 수정마을 근처에서 발견된 고분군(古墳群)은 4세기 가야지역의 장례문화를 보여준다. 수정마을 앞산에는 오래전부터 도굴꾼들이 파헤친 부장품 조각들이 흩어져 있었다고 한다. 그대로 방치되다가 어느 날 무덤의 일부가 크게 노출되어 1972년 정식발굴이 이루어 졌다. 발견 당시 대부분 파괴되어 온전한 것은 한 기(基)에 불과했지만, 그 무덤들의 형식인 수혈식석실묘로서는 우리나라에서 가장 오래된 것으로 판명되어 가야시대 문화연구에 중요한 근거가 되고 있다.

이 고분군은 이 일대에 가야시대부터 삼국시대에 이르기까지 많은 사람들이 살았다고 추정할 수 있는 중요한 증거가 되지만, 현재 수정마을과 이 고분군이 있던 흔적은 아파트건립으로 모두 사라졌다.

조선시대에 이르면 이 지역에 대한 공식적인 기록들이 여럿 남아있어 그 당시를 그려보기가 좋다. 금곡동 율리마을 인근에는 동원마을과 공창마을이 있다. 동원(東院)은 고려시대부터 역원(驛院)이 설치되었고, 조선 초기에는 수참(水站)이 설치되었던 곳이다. 수참은 배에 물자를 싣고 물길을 가던 중 쉬어가는 곳을 말한다. 낙동강의 동쪽에 있어 동원이라 불린 이곳은 조선의 대일본 교역에 있어서 중요한 지점이었다. 바다를 건너 부산포에 도착한 일본사절단이 낙동강을 타고 상경하는 길에 이용한 첫 기착지가 동원이었다고 한다. 그리고 바로 그 동원 수참에서 일하던 사람들이 살던 곳이 공창마을이다. 수참에서 일하던 관리, 평민, 관군, 노비들은 그 신분을 대대로 세습하였기 때문에 수참 부근에 집단적 취락을 형성하고 살았다.

3번 마을버스 종점이 있는 곳이 바로 공창마을이 있던 곳이다.

종점을 출발한 버스는 동원 수참을 지나고 신석기시대 율리패총을 지난다. 그리고 신라시대 화명 용당포(가야진)를 지나 화명동의 끝 마을인 수정마을의 가야시대 고분군에 이르게 되는 것이다.

도시개발이 시작되기 전 이곳의 모습을 상상해보자면, 금정산에서 흘러내리는 능선들을 따라 작은 동산과 언덕들 사이로 마을과 굽은 길들이 있었을 것이고, 마을과 더 가까웠을 물가에는 작은 나루터들도 있었을 것이다.

1960년대 까지도 예전의 자연스러운 모습들이 많이 남아있었다고 한다. 그 유구한 시간보다 최근 30여 년이라는 짧은 시간이 이 곳에 훨씬 더 급격한 변화를 가져온 것이다.

사람들이 오랫동안 살아오면서 자연스럽게 만들어낸 다양한 양상의 요철과 굴곡들이 모두 깎이고 메워졌다. 그렇게 인위적으로 만들어진 평면 위에 신도시가 건설되었다. 이러한 현재를 바라보면서 우리는 어떤 이야기를 해야 하는 것일까?


#3 임천재에서 대천마을학교까지

구포 물금 간 경부선 철도와 지하철 2호선 외에도 3번 마을버스와 평행하게 달리는 길이 하나 더 있으니, 그것은 바로 낙동강 하류의 물길이다. 이 물길을 따라 형성된 들판에서 사람들은 농사를 지었다. 비록 강이 범람하여 수해를 자주 겪어야 했지만, 이 들판은 금곡 화명일대 사람들의 주된 일터였다. 그 들판은 금정산에서 흘러내려 강과 만나는 대천(大川)개울을 중심으로 아래 윗들로 나누어졌다. 현재 행정구역으로 보자면, 아랫들(백포원)은 화명신도시, 윗들(모리원)은 금곡동 아파트촌이다.

이 대천개울 주변으로 형성된 마을이 대천마을이다. 마을버스 3번은 대천마을(화명2동) 안쪽으로까지는 들어가지 않고 마을 앞 금곡대로를 지난다. 마을 앞에 있는 화명교 근처에 버스 정류소가 있어 대천마을 사람들이 타고 내린다.

대천마을은 예전에는 금곡 화명 일대에서 가장 큰 마을로, 여러 관공서가 이 곳에 처음 생길 만큼 지역의 중심지였다. 지금은 그 대부분이 화명동 중심 번화가 쪽으로 옮겨가고 오히려 덜 개발된 지역으로 남아있다. 물론 여기도 아파트들이 들어서기는 했지만, 다른 자연마을들이 사라지는 와중에도 대천마을은 예전의 모습을 조금이나마 유지하고 있으며, 현재까지도 비교적 많은 원주민들이 이주민들과 함께 어울려 살고 있다.

대천마을의 원주민들은 대부분 조선시대부터 자리 잡기 시작한 집성촌들의 후손이다. 그 중 가장 오래된 집안은 파평 윤씨(坡平 尹氏)다. 조선시대 병자호란(1636년) 직후, 청나라를 배척하는데 앞장섰다가 이 곳으로 유배를 오게 된 윤소(尹沼)가 그 입향조(入鄕祖)다. 윤소는 대천 개울가에 <임청정>이라는 정자를 지어 학문을 닦았다. 이 정자는 얼마 후 현재 대천마을회관이 있는 자리로 옮겨져 <임천재>로 이름을 바꾸었고, 이후 작은 서당으로 변신하면서 마을의 자치적 교육활동의 근거지가 되었다. 1990년 대천마을회관

대천마을회관과 마을연혁비

앞에 세운 대천마을 연혁비가 이러한 이야기들을 전해주고 있다.

1900년대 초 일본의 침략야욕이 본격화되자 나라를 구하고자 하는 열망이 고조되면서 이른바 '교육구국운동'이 각 지역에서 펼쳐지기 시작했다.

그 일환으로 대천마을에 <사립화명학교>가 1908년에 세워졌다. 금곡화명 일대 마을 사람들이 협의하고 자금을 공동으로 모아 세운 학교다.

1918년 일제에 의해 강제 폐쇄될 때까지 이 학교는 지역민들의 힘으로 운영되면서 많은 지역인재들을 키워냈다. 사립화명학교가 구포공립학교로 병합되어 학생들이 구포까지 다니는 일이 힘들어지자, 마을에서는 <임천재>가 있던 자리에 <화명야학교>를 열었다.

이 덕분에 당시 이 지역에는 문맹자가 한 명도 없었다고 전해진다. 마을 소녀들 뿐 아니라, 타지에서 시집온 여성들도 야학에서 배웠다.

1937년 야학교 졸업사진을 보면 절반이 여학생이다. 관이 아니라, 지역 공동체가 힘을 모아 자발적으로 이룬 교육의 모습들이다.

이 <화명야학교>가 <화명간이공립학교>로 이용되다가 1943년에 정식 <화명공립국민학교>가 설립되었다. 대천마을에서 자라고 사립화명학교를 다닌 권상덕 선생님이 2대 교장으로 부임하여 음달 쪽에 있던 교사(校舍)를 현재의 화명초등학교 자리로 이전했다. 권상덕교장은 22년간 학교에 봉직하며, 공립제도권학교임에도 불구하고 마을이 이어온 공동체적이고 자치적인 교육 정신을 이어갔다. 현재 경남아파트 자리에 약 700평의 학교 실습답이 있었는데, 권상덕교장은 학생들에게 공부뿐만 아니라 농사 실습을 장려하고 협동정신을 강조하여 개명한 농사꾼들을 키워냈다. 그 수확물들은 학교와 마을을 위해 공동으로 사용되었다고 한다.

대천마을은 자치적 교육공동체 뿐만 아니라, 경제에 있어서도 마을의 공동이익을 도모하는 활동을 활발하게 펼쳤다. 향토사학자이자 현 대천마을학교 교장인 이귀원선생은 이러한 활동이 사라지게 된 이유를 70년대 관 주도의 새마을사업에 마을 자치활동이 흡수되면서 활기를 잃었기 때문이라고 분석한다.

1970년대 이후 전개된 도시개발은 이 지역의 외관만 변화시킨 것이 아니라, 지역의 자치적 공동체 운동도 스러지게 한 것이다.

그러나 2000년대에 들어서면서 대천마을에는 새로운 움직임들이 다시 생겨나기 시작했다. 이귀원 선생의 설명에 의하면 그 움직임은 두 갈래에서 시작되었다. 하나는 생태와 주거 공동체로서의 '대천천네트워크' 다. 2003년에 도시개발공사가 이미 아파트가 밀집한 대천마을에 또 다시 아파트를 건설하려하자 이에 반대하는 각종 주민단체들이 결집하였고, 그 여세를 모아 2004년에 결성한 것이 <대천천네트워크> 다.

대천천네트워크는 출범과 동시에 금정산 고속철도 사갱공사 반대 투쟁을 벌이며, 이른바 마을의 생태·주거환경 보호를 위한 운동의 중심이 되었다.

마을의 자치적 공동체 운동의 또 다른 한 갈래는 <북구 공동육아협동조합>을 중심으로 한 문화·교육공동체 운동이다. 1999년 덕천동에서 결성한 북구 공동육아협동조합은 극도로 개별화되어가고 있는 현대 사회에서 아이들을 키우고 교육하는 데에서 생기는 어려움들을 자치적으로 해결하기 위해 만들어졌다. 2003년 대천마을로 터전을 옮기고, 조합원들도 하나 둘 대천마을로 이주하면서 본격적으로 공동체적 마을을 만들어가는 일에 중심이 되고 있다. 애초에는 공동으로 아이들을 돌보는 <쿵쿵어린이집>과 방과 후

대천천과 대천마을

학교인 <징검다리 놓은 아이들>로 시작했다. 그러나 2005년에 마을도서관인 <맨발동무>를, 2008년에는 마을의 모든 사람들이 참여할 수 있는 <대천마을학교>를 세우면서 공동체 정신을 조합을 넘어 마을 전체로 확산시켰다.

금정산 사갱공사 반대 투쟁으로 주민들이 얻어낸 <대천천문화환경센터>가 2010년에 완공되어, 대천천네트워크가 3층에 입주하고, 맨발동무도서관과 대천마을학교가 2층에 입주함으로써 마을공동체 운동의 두 갈래가 한 곳에 모이게 된다. 이들은 해마다 마을 단오잔치를 열어 전통적인 마을 축제를 부활시키고, 대천천환경문화축전을 열어 마을 사람들이 어울려 정을 나눌 수 있는 장을 마련하고 있다. 이 외에도 현재 대천마을에는 마을공동체를 지향하는 다양한 모임들이 생겨나 활동을 펼치고 있다.

이 모든 움직임들은 70년대 이후 도시화의 거센 물결로 스러졌던 마을공

대천마을 음달에서 대천천 너머로 보이는 대천천환경문화센터

동체의 자생적 문화·교육운동을 재생시키고 이어가는 길 위에 있다고 하겠다.

지역의 주민단체들이 단지 국가의 효율적인 통치를 위한 단위로 호출되는 것이 아니라, 주민들 각자가 삶의 기본적인 태도로서 아름다운 관계를 주체적으로 지향하고 그러한 가운데 공동체적 가치가 발산되는 것이 중요하다는 사실을 대천마을의 사례를 통해 깨닫게 된다. 대천마을과 대천마을의 자치적 공동체 운동의 역사와 현재를 살펴 본 이유가 바로 여기에 있다.


#### #4 구포에서 금곡으로

3번 마을버스 노정의 절반 부에 위치한 대천마을에 너무 길게 머물렀다. 서둘러 돌아가자. 볼일을 보고 집으로 돌아가는 길은 주로 어두운 저녁이기 쉽다. 꼭 저녁이 아니라 해도 귀갓길은 언제나 마음을 감성적으로 만든다.

3번 마을버스를 타고 돌아오는 길은 어떤 시인의 시구처럼 쓸쓸한 '보름장날 막버스'를 닮았다. 종점이 가까울수록 내리는 사람만 있고 오르는 이는 없다. 버스가 지나는 길은 아주 오래전부터 사람들이 살아왔던 터전들이다.

비록 그 모든 과거가 거의 무화(無化)되고 마치 태초인 것처럼 신도시가 건설되었지만, 우리가 거부할 수 없는 것은 그 아래에 유구한 시간들이 있었다는 사실이다.

우리는 3번 마을버스 노선을 따라 장소이동을 하는 동시에 과거로의 시간여행도 했다. 이 여행을 통해서 새삼 깨닫게 되는 것은 내가 시간 위에 서 있다는 사실이다.

현재는 과거와 미래를 이어주는 계기이고, 나는 계속해서 흐르는 시간의 첨단에 서 있을 수밖에 없다. 시간 위에 서있다고 자각하는 태도는 단지 현재적 공간만을 바라보는 태도와는 조금은 다른 미래를 열게 해주지 않을까.

자연을 어떻게 대해야 하며, 사람들과의 관계는 어떤 모습이어야 할지 등에 대해서 말이다. 이제 3번 마을버스 종점에서 내려 집으로 간다. 낙동강의 하늘이 석양으로 물들 즈음, 동원 수참에서의 고된 일을 마치고 집으로 돌아가는 조선시대의 일꾼들과 함께...

구포시장에서 회차하는 3번마을버스

**배길남** 소설가

–

2011년 부산일보 신춘문예로 등단했다.
소설집 『자살관리사』를 발표했고 2012년 부산민족예술인상,
2014년 부산작가상을 수상했다.
소설로 먹고사는게 꿈인 소설가로 어딘가 있을 무언가를 아직 찾고 있다.

## 수영구. 수영구 마을버스 2번과 정과정 유적지

**배길남** 소설가

"마을버스 수영 2번을 타고 '정과정 유적지' 를 찾아가시오."

어느 날 소설가 길남 씨에게 갑자기 떨어진 미션의 내용이다. 그는 잠시 당황했다. 정과정 유적지라니? 수영구에 그런 게 있었다고…?

수영구 토박이는 아니지만 지인들이 살아서 많이 갔었고, 술 마시는 주당으로서도 많이 다녔고, 한때 직장으로 향하던 길이라 많이 들렀고, 그가 쓰는 소설과 청탁받았던 스토리텔링의 배경이라 공부도 많이 했었는데…, 수영 부근은 제법 잘 안다고 으쓱대던 길남 씨는 맹랑한 자신감에 좌자작 금이 가는 것을 느끼고 말았다.

그러나 그의 무지는 거기에서 그치지 않고

"가만있자…, 정과정이 뭐였더라?" 라는 위기의 순간까지 만들어낸다.

일명 정과정곡(鄭瓜亭曲)이라 불리는 노래는 국어를 가르치는 직업을 가져봤던 이들이라면 한 번쯤은 들어봤을 유명한(학생들은 그런 노래는 난생 처음 듣는다며 바로 배신을 때리지만) 고려가요이다.

학원에서 10년간 국어를 가르쳤던 길남 씨는 국어를 배신할 수 없다는 사명감에 머리를 쥐어뜯는다. 저 심연에 가라앉았다가 문득 머릿속을 스쳐 가는 시구 하나.

　　　내 님을 그리ᅀᅡ와 우니나니 산 접동새 이슷ᄒᆞ요이다

　　　"맞다, 그놈의 우리나라 접동새 1호…!"

　　　고려 의종 때 신하, 정서의 호가 과정이라서 정과정, 고려가요 중 유일하게 작자 미상이 아닌 노래, 최초의 유배문학, 향가도 아니고 고려가요도 아닌 것 같아서 '향가계 여요'라는 어정쩡한 이름의 녀석, 정서가 자신을 접동새에 비유해서 그리움인지 원망인지 알 수 없는 오묘한 감정을 표현, 이후의 수많은 시인들이 저 놈의 접동새를 소재로 시를 써 제낌…!

　　　길남 씨는 지식의 바다에서 헤엄치며 비로소 안도의 한숨을 내쉰다.

　　　그나저나 미션을 받은 때는 7월의 폭염이 기승을 부리는 시점. 그는 또다시 걱정을 시작한다. 어딘가로 취재 갈 때면 누군가와 같이 가는 것을 선호하는 도움 안 되는 버릇 때문이다. 마침 알토란 같은 여름휴가를 하루하루 까먹고 있던 길남 씨는 취재 D-DAY를 정해두고 미션 수행에 앞서 강군, 양양, 홍누나, 최삐 등등 지인들에게 전화를 돌려본다.

　　　"며칠간 달렸더니 밧데리 방전됐어요. 선배, 미안요."

　　　　　"술 안마십니다. 뭐? 술 말고 취재? 안 속아요, 나 글 써야 돼."

　　　"진작에 말하지, 나 계곡에 휴가 와 있어."

　　　　　　　　"전화기가 꺼져있어 소리샘…"

　　　휴대폰을 내려놓는 그는 섭씨 30도를 넘나드는 뜨거운 여름에 가을의 고독을 미리 느낀다. 이리저리 D-DAY를 미루던 길남 씨는 마침내 다가온 휴가 마지막 날 쓸쓸히 취재에 나서고 말았다.

　　　그의 집에서 가장 가까운 수영 2번 마을버스의 정류소는 남천동 주민센터 앞이다. 그곳으로 가는 데까지의 여정은 일반버스 83번을 기다렸다 타고 하차 후 정류소까지 걸어간 20분이 전부다. 하지만 길남 씨의 온몸은 열사의 사막을 헤맨 양 땀으로 목욕을 한다. 휴대폰의 버스안내 앱이 버스 도착 1분을 알리기에 정신없이 뛰었던 탓이다.

소설이나 영화에서 늘 그러듯이 버스는 달려가는 사람을 기다리지 않고 눈앞에서 유유히 사라진다. 그렇다. 버스는 언제나 그래왔었다.

짝사랑하던 그녀와 같은 버스를 타려 달려갈 때도 그랬고, 대학교 중간고사 10분 전에 타려던 버스도 그랬고, 근무하던 학원 원장이 "배 선생 앞으로 지각하면 월급에서 만 원씩 깔거야" 라고 협박했던 다음 날의 출근 시간 버스가 그랬었다.

길남 씨는 물과 손수건을 가져오지 않은 자신을 탓하며 정류소 푯말 밑에 선다. 마을버스 푯말은 과일가게 앞에 당당히 서 있다. 푯말 앞에 살짝 드리운 그늘 옆 과일가게엔 동네 아줌마 & 할머니들의 수다가 한창이다.

이북 사투리가 섞인 할머니가 "배추 생포기가 팔천 원이나 하는데 그거 이 만 원에도 팔아 쌓는다는 말이디." 하고 주제를 던지자

"어메, 그거를 사긴 사는가베?"

"내사마 여름에는 열무나 때리 묵지 배추는 묵을 생각도 안한다."

등등 각자의 주장이 쏟아진다. 휴가 마지막의 우울에 빠졌던 길남 씨는 정신이 번쩍 든다. 자신에게 숨어있던 소설가의 촉이 살아나 클래식을 듣듯 그녀들의 대화를 낱낱이 감상하는 걸 느꼈기 때문이다.

생배추 만 원 논쟁은 끝나지 않았는데 어느새 달려오는 마을버스!

길남 씨는 그렇게 수영구 마을버스 2번의 제일 뒷자리에 앉는데 성공한다. 마을버스는 삼익타워아파트로 시작하여 재개발 직전에 놓여있는 삼익

마을버스에 타는 사람들

까꼬막을
오르다
이바구를
만나다

비치아파트로 향했다가 바다가 보이는 언덕을 내려온다.

생명이 얼마 남지 않은 벚나무 길을 통과해 광안리 입구에서 다시 금련산역으로 달리니 그 유명한 떡볶이 '다리집'을 지나 수영대로가 나타난다.

아직까지는 마을버스의 진면목이 나타나지 않았다. 일요일 오후지만 많은 사람들이 탔다가 내리기를 반복한다. 무더위에 지친 사람들은 타자마자 에어컨 필터를 조정하기 바쁘다.

버스 기사님은 "어서오세요", "안녕히 가세요"를 무한 반복하지만 그 인사는 기계적 반복으로 느껴지기보다 새로운 승객들의 면면과 어울려 각각의 인사로 재탄생된다. 제법 오랜만에 느껴보는 친절에 길남 씨는 반가운 미소를 짓는다.

교회 예배에 다녀오는 아주머니 두 분이 교통카드를 갖다 대놓고는 "두 사람이요."를 뒤에 외치는 실수를 저질렀지만 "카드를 한 번 더 찍어야 됩니다. 벌써 한 분은 찍었어요. 네, 네, 미리 말씀하셨으면 되는데 죄송합니다. 다시 찍어 주세요." 하며 기사님은 미소를 잃지 않는다. 아주머니 한 분이 길남 씨 곁에 앉으며 그것도 똑바로 못 해주냐며 투덜대지만 그는 마음속으로 조용히 대꾸한다.

'내 볼 때는 아줌씨가 잘 못한 거 맞구만…'

그 와중에도 버스는 달리고 달린다. 이제 수영대로를 벗어나 수영중 골목으로 들어간 마을버스는 그 본연의 임무에 충실하다. 시장바구니를 든 아주머니, 등산복에 테니스 라켓을 맨 아저씨, 나풀나풀 나들이옷을 입은 아가씨…. 각기 다른 사람들이 각자의 공간에서 타고 내린다.

"그 음악은 이제 틀지마세요 DJ~ DJ~"

아아, 얼마만인가 윤시내의 목소리는…. 버스 라디오에서는 윤시내의

<DJ에게>가 흘러나온다. 감상에 젖은 길남 씨는 '강남사우나' 정류소를 지나는 왼쪽 골목에서 잠시 정신을 차린다. 맞은편에서 달려오던 봉고차와 마을버스가 맞닥뜨렸기 때문이다.

좁은 길이지만 기사님은 몇 번의 수신호로 주위의 차를 정지 시키고 조심히 후진하여 길을 연다. 아아, 마을버스는 골목의 진정한 강자란 생각에 길남 씨는 몸을 후르르 떤다.

버스는 광일로 14번지를 달려간다. 수영구는 재개발의 열풍 속에서도 살아있는 거리를 많이 간직한 곳이다. 골목 상가지만 초라한 느낌이 없고 생동감이 느껴진다. '아구가 기가 막혀', '40년 전통 우성삼계탕', '치킨삼파전' 등등 개성 있는 가게들의 이름은 버스투어의 재미를 한껏 느끼게 한다. 길남 씨는 후배 강군의 집 근처란 걸 깨닫고 고개를 갸우뚱한다.

'이곳에 이래 많이 마을버스 푯말 서있었나?'

버스 창가에서 골목을 바라보니 무심코 지나갔던 것들이 새로운 모습으로 재탄생한다. 길은 종종 핏줄에 비유된다. 큰 대로만 지나다니다 골목을 종횡무진 하는 마을버스에 몸을 실으니 모세혈관 이곳저곳을 떠다니는 기분이다. 그 기분이 흐뭇하긴 한데….

덕분에 길남 씨는 엉뚱한 우울에 젖어버린다. '소설가 노무 시키'가 먹고 사는 일에 매달려 많은 걸 잊고 있었다는 회의에 빠진 덕분이다. 길남 씨는 또 한 번의 우울을 잘근잘근 씹어 삼킨다. 그 와중에도 기사님은 라디오 DJ들의 만담에 크득크득 웃음을 터뜨리며 유쾌한 드라이브를 계속 한다.

이윽고 버스는 고가도로 밑을 통과하여 좌수영로를 지나고 코스트코를 넘기고 종점에 다다랐다. 버스에서 내린 길남 씨는 당최 정과정 유적지를 찾을 수가 없다. 휴대폰 내비게이션을 켜고 360도 회전을 하는데 방향감각

정과정 유적지로 가는 보행로

은 제로상태이다.

"근처에 과정교란 다리가 있다니 저쪽 강변 밑인가…?"

뜨거운 햇살을 뚫고 강변 쪽으로 가려는데 뭔가 기분이 찜찜하다. 혼자 취재하면 이런 문제가 종종 생긴다. 마침 나무 그늘 밑에서 잠시 휴식을 취하는 친절한 기사님이 눈에 들어온다. 왠지 쑥스러운 기운을 떨치려 심호흡을 한 그는 기사님께 저벅저벅 다가간다.

"기사님, 저기 죄송한데 여기 정과정 유적지가 있다는데 혹시 아십니까?"

"예? 정과뭐요?"

"정과정이라고, 그러니까…, 고려가요가, 아니, 그러니까 취재를…."

길남 씨의 말이 점점 꼬이는데 기사님도 같이 당황하며 말을 더듬는다.

"어, 그, 그기 뭐지요? 그런 거 나는 처음 듣는데? 가만있자 정, 정과정요?"

기사님이 난감한 표정을 짓더니 다짜고짜 휴대폰을 검색하며 사방을 두리번거린다. 길남 씨도 난감하긴 마찬가지다.

"죄, 죄송합니다. 아휴, 제가 찾으면 되는데 괜한 수고를…."

길남 씨는 얼른 고개를 숙여 인사를 하고는 어색의 웅덩이에서 벗어나고자 한다. 그런데 기사님이 그를 부르며 큰소리로 외친다.

"손님, 저기, 저기 아닙니까? 저기 정자 보이지요?"

아니나 다를까 기사님이 가리키는 길 건너 언덕 숲에 정자 하나가 떡하니 서 있다. 딱 봐도 "허허, 내가 바로 정과정 유적지일세." 하고 말을 하는 듯하다. 아까는 왜 저게 안 보였을까? 길남 씨는 자신의 눈에 뭔가 씌운 게 분명하다고 생각한다.

"아, 기사님, 정말 고맙습니다. 저기 정자가 언제 있었노? 맞는 것 같습니다. 하하하!"

"아, 그렇지요? 나도 맨날 댕기도 저런 기 있는 줄 몰랐네. 지도 보니까 사악 감이 와서 쳐다보니 정자가 있네요. 하하하!"

호탕한 웃음이 한가득, 여름날의 더위가 날아가는 듯… 이 얼마나 정겨운 장면인가? 기사님은 내친 김에 마을버스 앞에서 멀리 정과정을 배경으로 사진도 한 컷 찰칵! 하신다. 길남 씨는 떠나는 마을버스에 손을 흔든 뒤 정과정 유적지로 향한다.

수영구 망미동 e-편한세상 아파트에서 건널목을 건너 보행로를 조금 걸으면 정과정 유적지 안내판이 나타난다. 바로 앞 차로는 도시고속도로와 연결되는 고가도로로 통하는 곳이다.

그리 높지 않은 계단을 오르면 방금까지 빵빵거리던 도심의 차로와는 전혀 다른 풍경이 펼쳐진다. 정서가 매일 오르내렸다는 경암(鏡巖, 용두곶)이란 바위가 위용을 자랑하고, 400살 된 팽나무가 쏴아아 하고 바람의 소리를 연주하며 손님을 반긴다. 또 계단을 오르면 정과정곡 시비와 함께 정과정(鄭瓜亭)이란 동명의 정자와 기념비가 함께 있다. 기념비와 걸린 글들은 대부분 개발의 상흔으로 사라진 옛것과 자연에 대한 아쉬움들이 담겨있다.

유적지는 고적하다. 정자 아래 벤치에 한 남자가 누워 낮잠을 자고 있을 뿐 그 이외엔 아무도 없다. 길남 씨는 정자에 올라 주변을 둘러보지만 기념비에 설명해 놓은 것처럼 정서가 유배 와서 노닐고 오이 농사짓던 그런 풍경은 눈을 씻고 찾아볼 수 없다. 마치 고립된 섬처럼 아파트촌과 차로로 둘러싸인 정과정 유적지는 차 소리와 바람 소리, 그리고 매미의 울음소리만 동적일 뿐이다.

길남 씨의 메모를 살짝 훔쳐보자.

'정과정 유적지에 오다

유적지는 섬이 되어 바람 매미 차 소리 쟁쟁하고

먹고 삶에 글을 놓은 가난한 글쟁이의 우울은 커져 가는데

휴가야 어이 또 떠나느냐 정과정엔 쓸쓸함만 가득하구나'

길남 씨는 사진을 찍고 전화를 하다 아래를 내려다본다. 그 사이에 자고 있던 남자가 사라졌다. 그는 더위와 약간의 우울을 달래러 벤치로 향한다. 벤치에는 어울리지 않게 볼펜 하나가 덩그러니 놓여있다. 그는 왠지 거슬리는 볼펜을 째려보다 가방에 쑤셔 넣는다. 갑자기 나른함이 덮쳐온다. 그는 핀란드의 작가 토펠리우스가 말했던 태양의 금가루를 나뭇잎 사이로 느껴보고 싶다.

드러누워 하늘을 바라보니 무성한 나뭇잎과 그 사이의 부서진 햇살이 그를 희롱한다. 시원한 바람이 좋다. 그는 어느샌가 무릉도원인지 유토피아인지 남쪽 나라 어느 섬의 해변인지에 누워 있다. 아, 자유란 이런 것인가…? 황홀경에 빠진 그의 앞으로 정과정 선생이 불쑥 튀어나온다.

"네 이놈 넌 여기 뭣하러 왔느냐?"

어차피 비몽사몽, 길남 씨는 놀라지도 않는다.

"제가 과연 좋은 글을 쓸 수 있을까요? 모든 걸 바쳐 글을 쓰고 그 글로 먹고 살면 얼마나 좋을까요? 과정 쌤, 나도 접동새 이숫하요이다."

"허허, 맹랑한 놈이로고…, 오냐, 맘에 들었다.

네 놈만 노력하면 좋은 작가가 될 것이다.

그러니까 부지런히 쓰란 말이다. 나처럼 세월 흘러 후회하지 말고!"

길남 씨가 입술을 실룩이며 뭐라 대답하려는데 누군가 그의 어깨를 흔든다. 깜짝 놀라 눈을 뜨니 그의 얼굴 앞에는 아까 자고 있던 남자가 서 있다.

"저기…, 죄송한데 여기 벤치에 볼펜 하나 못 봤습니까?"

오수를 즐기는 사나이

**#chapter 1_강 수영구.** 수영구 마을버스 2번과 정과정 유적지　　63

"예? 아아, 예예! 제가 챙겨뒀습니다."

'내 볼펜을 니가 왜 챙겨?' 라는 눈빛의 남자가 볼펜을 건네받더니 고개를 꾸벅하고는 계단을 내려간다. 내가 볼펜이었던가, 볼펜이 나였던가…? 도대체 정신을 차릴 수 없다. 한참동안 멍하니 허공을 바라보던 그는 기지개를 켠다. 그늘 속에서도 더위가 덮쳐왔는지 그의 이마에 땀이 흥건하다. 왜 이렇게 허한 걸까? 고독, 우수, 염세 삼총사가 힘을 합해 거세게 몰아쳐 옴을 느낀다.

그의 고민은 언제쯤 끝날 수 있을까?

흘려진 볼펜 하나를 찾기 위해 폭염을 헤치고 30분 만에 돌아온 사나이도 있는데…. 길남 씨는 자신의 꿈에 다가가기 위해 참아야 할 시간과 지난하게 바쳐야할 노력들을 새삼스레 떠올려 본다.

길남 씨는 다시 돌아가기 위해 마을버스 정류장으로 향한다. 그런데…, 어디서 많이 본 풍경이다. 태양은 열기를 분사하고 마을버스는 원래 그 자리인 듯 버티고 있으며 기사님은 나무 그늘 밑에서 담배를 피우고 있다. 데자뷰 같은 광경에 그는 아직도 공중에 붕 뜬 기분이다. 기사님이 아까 그 분인지 마저 헷갈려 인사조차 못했는데 버스가 출발한다.

가던 길로 되돌아가지만 길남 씨의 감각은 이곳으로 올 때와는 확연히 다른 것이다. 그의 눈으로 아까는 보지 못했던 풍경들이 올올이 박혀 들어온다.

전봇대에 붙은 전세 광고지를 들여다보는 젊은 남녀, 그리고 그 둘이 마주잡은 두 손, 좁은 길을 지나칠 때 벽으로 붙어선 사람들의 표정, 수영야류나 수영 출신인 이대호·추신수가 그려진 벽화, 간간히 드러나는 오르막 골목으로 쭉 뻗어 보이는 금련산 자락….

길남 씨는 가슴 저편에서 젖어오는 묘한 감정에 어찌할 바 모른다. 그 옛날 어느 곳에서 느껴봤던 그런 것인데 아무래도 정체를 알 수 없다. 다만 일상에 지쳐 잊고 있던 소설가의 눈이 슬며시 떠졌고, 희한한 야성이 조금씩 꿈틀거리는 것임은 분명하다.

"아아, 그것도 휴가 막날에 왜 이러냐…?"

서로 지나쳐가는 마을버스

분명, 분명, 분명히 심상치 않은 기운인데 그는 아직도 그게 무엇인지 모르겠다. 사실 모르는 바도 아닌데 계속 모른 척 하고 싶은지도 모를 일이다. 어차피 시간은 지날 것이고 매일 매일을 살아내다 보면 그놈은 이빨을 드러낼 것이다. 소설가 길남 씨는 짧았던 수영구 마을버스 2번 여행의 끝이 다가옴을 느낀다. 짧은 여행이 많은 숙제를 던져 놓았다. 그는 한숨을 쉬고는 금련산 수련원 부근에서 벌떡 일어선다.

소심한 그는 기사의 얼굴을 몇 번이고 확인하다 버스가 선 후에야 작별의 인사를 건넨다.

"기사님, 덕분에 취재 잘하고 갑니다."

기사님은 백미러로 그의 얼굴을 확인하더니 환하게 웃으며 답한다.

"아이고, 언제 탔습니까? 난 몰랐네, 그래 취재는 잘 했고예?"

"예, 도움 못 받았으면 제대로 돌아보지도 못했을 것 같습니다."

"아, 잘 됐네요. 다행입니다. 안녕히 가세요."

길남 씨는 정류소에서 손을 흔든다.

마을버스는 또 다른 정류소로 향한다.

길거리에 덩그러니 남겨진 그는 주위를 둘러본다. 잠시지만 가야할 곳이 어딘지 갈피를 잡을 수 없다. 또 한 번 한숨을 내쉰 그는 자신이 타고 가야할 버스를 헤아리고는 떠난 마을버스처럼 또 다른 정류소를 찾아 걸음을 내디딘다.

CHAPTER 2

**심규환** 안창마을 스토리텔링 작가

–

동의대학교에서 문예창작학을 전공했고
동대학원 국어국문학석사학위를 취득했다.
2014년 계간 시와사상 신인상으로 등단했고 시인으로 활동중이다.

# 동구. 마지막 달동네에서 도심 속 오지까지
## 동구 1-1 마을버스를 타고

**심규환** 안창마을 스토리텔링 작가

사람들은 부산이라 하면 대한민국 제 2의 도시, 거대한 빌딩숲과 마린 시티의 고층아파트, 화려한 광안리, 해운대 바닷가와 휘황찬란한 남포동, 서면 번화가를 으레 떠올리곤 한다. 부산의 화려한 면면들이 사람들 뇌리에 박혀 있으니 당연한 일일지도 모르겠다. 이 글은 부산의 화려한 외면보다는 깊숙한 내부에 대해 쓰고자 한다. 겉으로 드러나는 보여주기 위한 모습이 아니라 실제로 부산을 살아온, 아직도 살아가는 숨겨진 부산의 이야기이다. 시내버스도 도시철도 아닌 작은 마을버스를 타고 부산의 숨겨진 이야기를 찾아가 보자.

### 마지막 달동네 안창마을

마을버스 동구1-1번의 출발지인 안창마을은 엄광산 자락에서도 가장 안쪽에 자리한 작은 마을이다. 마을 밖에서 보면 동네가 보이지 않을 정도로 깊숙한 산간 분지에 자리 잡고 있다. 부산의 마지막 달동네라고 불리는 이

, 안창마을은 엄광산 자락에서도 가장 안쪽에 자리한 작은 마을이다.

곳은 신발의 안창처럼 밖에서는 보이지 않는다고 하여 안창마을이라 부르게
되었다고 한다.

안창마을은 6.25전쟁 당시 피난민들이 몰려와 무허가 판자촌을 형성
하며 처음으로 만들어 졌다. 시가지에서 그리 멀지 않은 곳에 자리 잡고 있

지만, 산 속 깊은 분지에 위치해 있어서 사람들의 발길이 쉽게 닿지 않는 곳이었다. 하지만 전국 각지에서 몰려오는 피난민들로 포화상태가 된 부산에서 피난민들이 가지 못할 곳은 없었다. 처음에는 무허가 판자촌으로 시작해서 점점 흙으로 뭉친 벽돌을 쌓고 거기에 시멘트로 마감을 한 주거형태를 갖추게 되었다. 1970년대 도로가 만들어지기 전까지 (도로도 주민들이 직접 만들었다.) 변변찮은 도로조차 없는 산길을 시멘트를 지고, 이고 날랐을 주민들의 억척스러움이 대단하다. 안창마을은 마을의 대동맥인 중앙 도로(마을 사람들은 2차선 도로인 이 길을 대로라고 부른다.) 하나를 사이에 두고 콜로세움이나 오페라하우스처럼 계단식 가옥들이 빙 둘러싼 형태를 취하고 있다.

대야에 다슬기를 풀어놓은 것처럼 경사진 벽면으로 집들이 다닥다닥 붙어있다. 그 모습이 마치 당시 피난민들의 고달픈 삶을 대변해주고 있는 것 같다. 살기 위해 높은 곳으로, 더 높은 곳으로 고향 떠나 설운 몸과 마음을 쉬어갈 지상에 한 평 공간을 찾기 위해, 고된 걸음을 옮기지 않을 수 없었던 전국 각지의 피난민들. 도로가 잘 닦여 있는 지금도 대로가 있는 범곡 사거리에서 안창마을까지 도보로 30분 이상 걸리는데, 당시는 더 힘들고 고된 길이었을 것이다.

그렇게 하나 둘 피난민들이 모여 동네를 형성된 곳이 지금의 안창마을이다. 1970년대에 전기가 들어오고 1990년대에 이르러 상수도가 들어온 것으로 미루어보아 어지간한 시골마을 보다 더 늦게 수도 전기가 늦게 들어왔다고 볼 수 있다. 원래 무허가 건물에 전기나 수도가 들어오지 않는 것을 감안할 때 지역민들의 염원이 이루어낸 결실이라고 할 수 있다. 전기가 들어오기 전까지는 석유를 연료로 하는 호롱불을 사용했다고 한다. 그나마 다행인 것은 마을 중앙으로 호계천이 흐르고, 수정산의 맑은 물이 사시사철 흘러

식수 걱정이 없었던 것이었다.

마을 뒷산에는 작은 목욕탕이 있는데, 일제 때 들어온 실내 대중탕 같은 것은 아니다. 원래는 그냥 물만 샘솟는 우물이었는데, 바닥에서 샘솟는 우물물이 일정수준 이상으로 차오르면 벽 뒤에 밀폐된 곳으로 흘러가 고이게 되는 원리로 만들어진 목욕탕이다. 외벽은 작고 큰 돌들의 단단히 쌓아올려 만들었는데, 이런 돌담을 둑담이라고 부른다고 한다.

그 외에도 지금 동구사회복지관 건물 쪽 절벽에도 물이 흘러내려, 빨랫감을 놔두기만 해도 저절로 빨래가 되었다고 한다. 이 이야기를 해준 주민은 자동세탁기가 따로 없었다고 너스레를 떨었다. 요즘은 수정산에서 흘러 나오는 물이 예전 같지가 않은데, 마을 사람들은 수정터널이 뚫리면서 수맥이 끊어져서 그런 것이라고 한다.

### 안창마을에서 호랭이마을으로!

안창마을의 유래에 대해 대략적으로 알아보았으니, 지금의 안창마을을 살펴보자. 안창마을은 동의대학교 부지와 연결되어 있어서 학생들과 교직원들이 자주 찾는 곳이다. 오리고기와 메기매운탕, 어탕수제비, 청국장 등 다양한 먹거리들로 가득해, 학생들과 교직원, 등산객들의 발길이 붐빈다. 동의대학교와 이어지는 안창마을 남쪽 골목에서 동구1-1번 마을버스 정류장까지 식당들이 성업 중이다. 달동네 안창마을, 빈민가, 우범지대와 같은 예전의 좋지 않은 이미지를 없애기 위해 안창마을에서 호랭이마을로 명칭을 바꾸고, 그에 따른 마을 주민들과 지역활동가, 지자체의 노력이 활발하게 이루어지고 있다. 살풍경했던 허름한 외벽에 대학생, 미술작가들이 멋진 솜씨로 벽화들을 그려내고, 인도에는 호랑이모양의 아기자기한 화단들이 생겨났다. 곳곳에 마을과 관련된 시와 사진들이 걸려 있어서 지나가는 이들의 발길을 붙잡는다. '산복도로 르네상스' 사업으로 인해 동구와 안창마을에도 생기가 돌고 있다. 특히 주민공동체에서 자발적으로 지역 현안 문제에 뛰어들어 여러 단체와 협약을 맺고 지역 발전을 위해 힘쓰고 있다.

호랭이마을이란 먼 옛날부터 이 지역에 호랑이가 살고 있었는데, 그 호랑이가 마을을 수호하는 수호신이었다는 설화에서 착안한 것이다. 실제로 마을 뒷산에는 호랭이어슬렁길이 있는데, 잠시 길을 따라 걷다보면 풍채 좋은 호랑이가 이 길을 따라 어슬렁어슬렁 걸으며 마을 사람들을 내려다보았을 법 하다.

호랭이어슬렁길은 동구사회복지관 옆으로 난 입구나, 동구1-1번 마을버스 회차구간에서 골목을 따라 쭉 올라가면 시작되는 입구로 들어가면 되는데, 도심 속에서 훼손되지 않는 자연을 느낄 수 있다. 또한 경사가 가파르지 않고 산책로가 잘 정비되어 있어서 부담스럽지 않게 도심 속에서 삼림욕을 즐기기에 적절한 곳이다. 산책로를 따라 1시간 정도 걸으면 부산항을 한눈에 내려다 볼 수 있으니 산과 바다를 동시에 즐길 수 있다. 계절에 따라 각양각색의 꽃들이 만연하니 한번쯤 꼭 걸어보면 좋은 곳이다. 특히 봄철에 벚꽃 아름답게 피는데, 유명 관광지에서 보는 벚꽃과 달리 너무 과하지 않게 드문드문 핀 벚꽃이 운치 있게 느껴진다. 중간 중간 호랑이 무늬의 벤치도 마련되어 있으니 힘들면 잠깐 쉬어가기도 좋다. 길이 쉽게 형성되어 있어서 길을 잃을 걱정은 없지만 만약 길을 잃는다면 곳곳에 설치된 산불관리초소에서 안내를 받으면 된다. 암자, 절, 신당, 우물 등 평소에는 볼 수 없는 볼거리가 많으니, 하나하나 놓치지 말고 빠짐없이 보고 오도록 하자.

호랭이어슬렁길 입구가 있는 동구사회복지관 아래에는 '오색빛깔 염색

공방'이 있다. 행복마을사업으로 인해 들어선 곳으로 염색수업과 각종 문화 체험을 할 수 있다. 소정의 기념품도 구입할 수 있고, 차도 마실 수 있으니 한 번쯤 방문해볼만하다. 미리 일정을 확인하고 전화로 문의한 후 방문하는 것 이 좋다.

### 호랭이(안창)마을을 지나!

피난민들의 고달픈 사연과 각각의 아픔을 품고 새롭게 도약하는 안창 호랭이마을을 뒤로 하고 이제 동구1-1마을버스에 몸을 싣고 다음 목적지를 향해 이동하려 한다.

다음 목적지는 도심 속의 오지라 불리는 매축지 마을이다.

마을버스를 타고 매축지 마을로 가는 길은 엄청난 경사와 커브가 이 어지는데 흡사 롤러코스트를 타고 있는 듯한 느낌마저 받을 수 있다. 반드시 앉아서 가거나 손잡이를 꽉 잡고 가야 한다.

부산은 이렇게 산중턱을 끼고 도는 산복도로가 많이 형성되어 있다. 이 는 산지가 많고 평지가 좁은 부산의 특성 때문인데, 원도심 지역까지 산지가 형성되어 있어, 개항기 부두 노동자나 외지인들이 경사진 산지를 따라 판자 촌 등을 형성하면서 지금의 주거구조를 형성하였다.

그로인해 산중턱과 경사면에 인가들이 많이 들어섰고, 그에 따라 산복 도로가 많아질 수밖에 없었다. 보통의 관광객들이 찾는 유명관광지들은 산 복도로 쪽이 아니라 해안이나 시가지 쪽에 밀집되어 있었지만, 최근 들어 '산 복도로 르네상스' 사업에 의해 산복도로 인근 관광지들도 신흥 관광명소로 급부상하고 있다.

## 도심 속의 오지 매축지마을

동구1-1마을버스를 타고 범내골역 범일역 부산진시장을 지나 두산위브 정류장에 내려서 길을 건너면, 매축지마을이 보인다. 매축지마을은 일제시대 해안을 매립하며 매축지를 조성하였는데, 그곳에 인가들이 들어서면서 형성되었다. 매축지의 대부분은 도로와 항만으로 이용되었으나, 일본인이 말을 키우던 축사였던 현재 매축지마을 지역은 6.25전쟁 당시 피난민들이 인가로 개조하여 사용한 것이 지금의 마을으로 형성되었다.

매축지마을은 사면이 도로와 철로로 둘러싸인 도심 속의 섬이라고 볼수 있다. 흔히 매축지마을을 일컬어 시간이 멈춘 곳이라고 표현한다. 좁은 골목골목마다 그리운 시간의 냄새가 난다. 어릴 적 살던 동네를 그대로 옮겨놓은 듯한 모습에 한동안 추억에 잠길 수 있는 동네다. 살짝 열린 문틈으로 세간이

좌천역으로 통하는 육교를 봐도 여기서 많은 영화를 촬영했다는 것을 알 수 있다.

그대로 보였다. 이웃과 허울 없이 지내던 어린 시절. 좁디좁은 골목에서 동무들과 공놀이를 하다 창문이고 화분이고 다 깨먹고 어두워질 때까지 집에 들어가지 못했던 기억들이 떠올랐다.

곳곳에 두런두런 모여 이야기를 나누는 어르신들의 모습도 보였다. 매

소박한 모습이 매축지마을의 정서와 잘 어울린다.

축지마을을 흔히 삼무삼다의 마을이라고 한다. 마당이 없고 햇빛이 없고, 바람이 없는 삼무. 노인과 자물쇠(잠긴 빈집), 공동화장실이 많은 곳. 성인 두명이 겨우 지나갈 수 있을 넓이의 골목에 마당이 있을 리 없고, 두 세평 남짓한 단칸방에 햇빛이 잠시 머물다 가기도 비좁아 보인다. 골목이 있어 바람은 불겠지만 다닥다닥 달라붙은 방 한 칸, 한 칸 들렀다가긴 고되리라 여겨졌다.

삼무의 서글픔 보다 삼다의 서러움이 더 컸다. 젊은이들이 떠나간 동네에 노인들만 남았고, 그 노인들마저 동네든 생이든 떠나 자물쇠 잠긴 빈집만 많은 곳.

우울함은 뒤로 하고 동네 곳곳을 자세히 살펴보면 생동적이고 밝은 점들도 많이 눈에 띈다.

먼저 매축지마을이 영화촬영지로 자주 활용되고 있다는 점이다. 마을을 둘러보다 마주친 어르신은 여기가 영화촬영지라는 것을 알뜰하게 강조한다. 좌천역으로 통하는 육교를 봐도 여기서 많은 영화를 촬영했다는 것을 알 수 있다. 매축지마을에서 촬영한 영화만 해도「친구」,「하류인생」,「마더」,「아저씨」등 상당수가 된다. 마을의 분위기 자체가 영화를 유치하기에 좋은 장소라는 반증이다. 아무리 잘 만든 세트장도 진짜 과거를 재현해낼 수 없지만, 매축지마을은 과거의 시간에 멈춰 있기 때문에 재현이 아닌 실재를 보여줄 수 있는 것이다.

마을 곳곳을 돌아다니다 보면 자그마하고 아기자기한 벽화들도 눈에 띈다. 감천문화마을처럼 화려하고 잘 관리된 벽화는 아니지만, 소박한 모습이 매축지마을의 정서와 잘 어울린다. 오히려 너무 과한 것은 안한 것 보다 못할 때가 많은 것이니까.

집집마다 화단이며 화분이 잘 꾸며져 있는 모습을 볼 수 있다. 햇빛이 들지 않고, 바람도 없지만, 저 화초들을 통해 주민들의 가슴에 바람과 빛을 끌어들이고 있는 것은 아닌지 조심스럽게 생각해본다.

일제시대부터 6.25전쟁의 아픔까지 대한민국의 처절한 역사의 중심에 있었던 매축지마을은 1990년대 재개발 지역으로 지정되었으나 현재까지도

사업이 답보상태이다.

주민들에게 적절한 보상이 주어지고 매력적인 매축지마을의 모습은 유지되는 한에서 적절한 개발이 이루어지길 바란다.

부산의 마지막 달동네에서 도심 속 오지로 마을버스를 타고 이동해보았다. 이름난 관광지나 번화가를 찾는 것도 좋지만, 가끔 현재 속에서 과거를 돌아볼 수 있는 숨겨진 도시의 비밀을 찾아 떠나는 것도 좋을 것이다. 도시의 대동맥인 도시철도나 시내버스가 아닌 세세한 혈관을 돌아보는 마을버스를 타고 숨겨진 도시의 아름다움을 찾아 떠나보자.

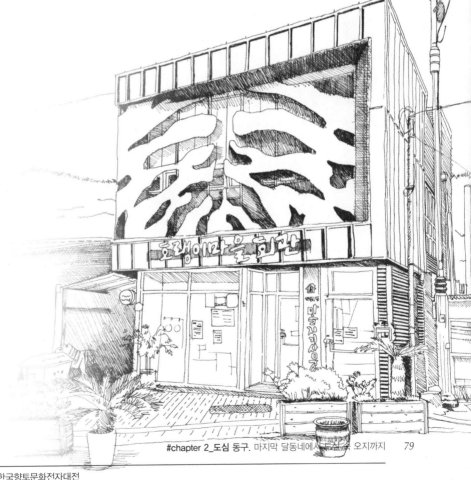

**쁘리야김** 사진작가

—

빛에 매혹당해
빛으로 그리고 쓰며
밥먹고 살고 있는 사진작가

## 부산진구. 원당골의 낭랑 18세

**쁘리야김** 사진작가

아주머니 오늘도 타셨네요. 어서오세요. 감사합니다. 할머니는 안전하게 손잡이를 잡아주세요. 출발합니다. 부르릉. 울컹울컹.

저는 서면도심과 서부산권을 잇는 가야로와 서면에서 진구청을 지나 부전시장과 초읍동을 도는 새싹로, 그리고 새싹로에서 원당골로 이어지는 성지로를 다니고 있는 15번 마을버스예요. 부산의 금융, 상업, 교육, 문화, 교

출발합니다. 부르릉. 울컹울컹.

통의 요충지인 서면을 가로지르는 부산진구 초읍동 원당골에 살아요. 원당
골은요, 화지산과 금용산이 맞물려 있는 골짜기랍니다. 골이라 그런지 양지
바르고 공기가 깨끗하고 낮에는 새소리가 하루 종일 들려요. 가을이면 대추
나무에 밤나무, 감나무 같은 과실수가 원당골 빌라들을 감싸지요. 예전에 이
곳에는 무허가 건물들이 많았대요.

"마늘이 왔어요, 의성저장마늘이 왔어요. 두 단에 만원이예요. 빨리 나와
보세요."

일찌감치 김장준비 하라고 트럭 아저씨는 오늘도 방송을 하시네요. 대
원정사 골목 안으로 조금 들어가면 나전장 김관중 아저씨의 공방이 나오는
데, 부산시에서 공예 명장을 받으셨대요. 네, 맨드라미 피어있는 그 골목 안
이예요.

원당골은 태백산맥 끝자락인 금정산에서 둘로 갈라져 백양산과 구덕
산, 금용산과 화지산으로 나뉘며 내려오다가 더 뻗지 못하고 멈춰버렸대요.
화지산 중턱 깊숙한 산허리에서 성지로 쪽으로 길쭉하게 뻗어있는 자연마을
로 임진왜란 당시 원님이 살았다고 '원당골(員堂谷)'로 불리는데요, 임진왜
란 전부터 조성된 마을이래요. 예전에는 주로 흙으로 얽은 축사나 논밭과 미
나리꽝이 있었다고 하고 지금 초읍대우아파트 자리에는 예전에 양계장이 있
었다네요. 크고 작은 빌라, 아파트들로 둘러싸인 원당골에 들어오면 콘테이
너 박스만한 차고지가 있어요. 거기를 거점으로 마을버스는 회차 하지요. 안
에는 기사님들의 편의를 위해 냉장고, TV, 달력, 거울, 작은 책상, 일정이 적
힌 보드판이 있고요, 밖에는 기사님들이 앉아 쉴 수 있는 평상도 있어 저도
거기에서 십 분 정도 쉬어요.

부산진구는요, 부산시의 중심지로 25개나 되는 동이 있어요. 인구는

대략 부산인구의 11%를 차지하는 40만에 육박하는데 해운대에 이어 두 번째로 많대요. 진구는 일찍이 철도 교통의 요지였다고 하고요, 양조 고무신 면방직 정비소 등 경공업이 번성했대요. 대양고무, 동양고무, 보생고무, 삼화고무, 진양고무, 태화고무 등 우리나라 고무공업의 메카이자 부산 향토기업으로 한 때는 '내가 제일 잘 나가!' 였대요. 그 외 제일제당, 락희화학(현 LG화학), 동명목재, 경남모직, 한일합섬, 신진자동차 등 쟁쟁한 기업들이 산업화를 이끌었다죠. 최고 번화가인 서면은 1970년대 고도성장을 하면서 음악다방, 학사주점, 고고클럽 등 젊은이들의 공간으로 바뀌었나 봐요. 교통은 물론 메디컬스트리트나 롯데백화점과 NC백화점 같은 대형 백화점과 시장, 인쇄, 은행, 영화관 등이 있어 주말이면 서면에는 젊은 언니오빠들로 넘쳐난답니다.

원당골을 빠져나가는 길에 초읍대우아파트, 초읍중학교, 창신그린힐아파트, 초읍초등학교가 있어요. 언덕길이자 본격적인 까꼬막이 내리막 오르막 시작되면 이런 마을버스를 처음 타보는 사람들은 멀미를 느끼기도 한대요. 예전에는 학생들이 등하굣길에 많이 이용했지만 요즘은 스쿨버스가 잘 되어 있어 내 또래 친구들을 자주 만나지 못해요. 시내버스와는 달리 마을버스는 골목길에서 튀어나올 지도 모르는 아이들을 제일 조심해야 하기 때문에 골목안으로 접어들면 더 천천히 달려야 한답니다.

창신아파트에서 분홍분홍한 할머니가 분홍분홍한 손녀를 데리고 타시네요. 시민도서관에서 막 탄 여자아이를 보며 분홍분홍 할머니가 입을 뗍니다.

"니는 우째 그래 인사성이 좋아서 그런가 키도 크고 예쁘노?"

부산광역시민도서관은 부산에서 가장 많은 책이 있는 도서관이예요.

1901년 '독서구락부' 라는 이름으로 개관한 우리나라 최초의 근대 공공도서관이래요. 3.1운동이 있었던 1919년, 부산부에 정식 이관되면서 이름도 부산부립도서관으로 개칭되었다고 하네요. 아, 그러고 보니 3.1운동은 2000년에 태어나 올해 18세가 되는 저와 3월 1일생으로 생일이 같네요.

도서관은요, 독립 이후 1949년에 부산시립도서관으로, 1963년에는 부산진구 부전동으로 신축 이전했다고 해요. 1982년에 부산직할시립시민도서관으로 이름이 바뀌면서 부산진구 초읍동으로 다시 신축 이전하게 되었고 그게 현재까지 이어오고 있대요. 최근에는 도서관이 도서나 자료 정보 서비스는 물론 지역평생정보센터로서의 기능도 한답니다.

이제 저는 어린이대공원을 지나요. 어린이대공원은 성지곡유원지에서 이름이 바뀌었대요. 조선시대 성지라는 지관이 천하제일 명당자리로 지목했대요. 저는 어린이대공원을 빠져나가면서 40인의 승객들을 태운 양 알리바바 모텔 골목 안으로 들어가요. 어린이대공원에서 초연중학교를 지날 때에 '뒷사람에게 피해가 가지 않도록 가방을 앞으로 메어주시기 바랍니다' 라는 안내방송을 내보내야 해요. 왜냐하면 예전부터 학생들이 많이 타던 구간이거든요. 학생교육문화회관과 '더 파크' 동물원이 있는 어린이대공원, 초연중학교를 지나 삼광사 입구로 들어갑니다. 저는 유일하게 삼광사를 오가는 마을버스예요.

삼광사 입구 쪽에는 아파트재개발이 한창이라 좀 천천히 달려야 해요. 마을버스를 이용하는 반 수 이상의 삼광사 불자들에게 저는 없어서는 안 돼지요. 더운 여름 날에는 시원한 에어콘으로, 추운 겨울 날에는 뜨뜻한 히터로 절 안까지 평안히 모셔드리는 일을 제가 하거든요.

승객들 중에는 종점인 원당골에서 타서 서면 지하철역에서 환승하는 주민들이 제일 많고요, 그 다음이 삼광사를 다니는 불자님들이에요. 삼광사는 대한불교천태종의 총본산인 구인사에 이어 전국 제2의 천태종 교단으로

유일하게 삼광사를 오가는 마을버스

도심 한복판에 자리 잡은 대형사찰이예요. 특히 사월초파일의 연등행사는 장관 중의 장관으로 많은 사람들이 보러 오지요. 특히 요즘은 저녁 식사 끝내고 기도하러 가는 사람들이 많아요. 밤 10시부터 새벽 3시까지 한 달간 안 거기도 기간이예요. 새벽에 기도가 끝나면 새벽 6시 첫차를 타고 내려오는 사람들도 있고, 삼광사에서 아침공양을 마치고 버스 타러 오는 사람들도 많다고 저녁 7시 삼광사로 올라가는 아주머니가 설명해 주시네요. 서로 아는 사람들이 많이 타는 저녁 이 시간에는 주로 버스 안에서 오가는 호칭이 '형님', 아니면 '언니' 예요.

　　삼광사에서 탄 두 아주머니.

　　"환승이다, 안 찍었나?"

"당연히 찍었지. 환승이 될 낀데....

근네 환승입니나라고 안 하고 삼사합니다라고 하네. 와이라노?"

"시간이 넘어서 그럴 끼다."

그러자 오기사님이 묻네요.

"시간이 넘은 거 아입니꺼?"

"시간 안 넘었는데예...막냉이가 사줬다."

"몇 년 됐노?"

"어, 세일할 때 안 샀나. 좋나? 생일이라고..."

"9월 21일이 생일이라고 하든
지 아부지하고 생일이 같네. 생일파티 같이 해야 겠네. 하하."

친구 막내딸과 친구 남편 생일이 같은 것도 아는 아주머니는 목소리가 크기도 하네요. 요금 정산을 하지 않은 아주머니를 백미러로 잠시 쳐다보던 오기사님은 그저 말없이 운전만 하시네요.

참기름 냄새가 진동하는 성곡종합시장은 주민들을 위한 소규모의 재래시장이라 그런지 조그마한 밥집들이 올망졸망 많아요. 지하에 있는 봉제공장 '시나나(SININA sewing)'에서 재봉틀 돌아가는 소리가 소잉소잉 끊이지 않는 날에는 저도 괜히 쓩이나!

세동한신아파트를 지나면 LG사이언스홀이 나와요. 이 자리는 1955년 최초의 국산치약 제조사인 '락희화학공업사(LG화학)'가 있던 곳이래요. 1980년 이후 공장이 이전하면서 유초중학생들을 위한 과학체험관이 들어 섰대요. 예약제로 운영되며 학기 중에는 월~금에 단체 예약을 받고, 토요일에는 개인 예약도 받는데 방학 중에는 모두 관람 가능하다고 하네요. 홀에는 사이언스 커뮤니케이터가 있어 안내와 설명을 해주고 체험을 하게 하고요,

끝나면 학생들에게 기념품을 준대요. 지금은 구인회 LG창업자가 살았다고 하는 연암기념관이 옆에 있어요.

부암교차로 정류장에서 하차하면 부산최대규모의 도심 공원인 부산시민공원(옛 미군 하얄리야부대)과 국립부산국악원으로 갈 수 있어요. 부암교차로를 지나 웨딩홀이 있는 메리움아파트를 지나면 부산진구청정문이 나와요. 진구청을 가신다고요? 그러면 진구청 앞을 유일하게 지나는 15번 마을버스를 타셔야죠.

부전시장은요, 부전시장 부산전자종합시장 부전인삼시장 서면종합시장 부전종합상가 부전상가 등 6개의 시장이 합쳐진 전국에서 아마 규모가 제일 큰 종합 재래시장일 거예요. 부전시장을 지날 때에는 영문 하차 안내방송을 해야 하니까 잠깐만요. 부전시장은 6·25 전쟁 이후 보따리장수들이 동해남부선 부전역에서 짐을 풀고 행상을 벌인 '기장골목시장'에서 출발해서 2006년 12월 현재의 부전마켓타운이라는 이름이 붙여졌대요. 부전시장에는 없는 게 없어 자랑스러워요.

진구청에서 16명이 탔는데 영광도서에서 12명이 내리고 4명이 새로 탑승하네요. 부산시민의 안타까움을 뒤로 하고 2010년 문을 닫은 동보서적과 영광도서는 한 때 쌍벽을 이뤘대요. 부산시민들의 만남의 장소로 이용되기도 하는 영광도서는 부산의 대표적 대형서점이고요, 4층에는 영광 갤러리도 있어요. 롯데백화점이 반환점인데 실제 더 많은 사람들이 환승하는 정류장은 영광도서 앞이예요. 독특하지요? 아! 방금 탄 할머니, 그러시면 안 됩니다.

"내 요거 밖에 없네." 아니, 그러시면 안 돼요.

"얼마 있는데예?" 안기사님은 늘 마음이 여려요.

"하이고 다리야, 하이고, 다리야..."

까꼬막을
오르다
이바구를
만나다

할머니는 얼마인가를 넣고 얼른 의자에 엉덩이를 붙이시네요.

"감사합니데이."

삼광사에서 내리는 할머니는 왠지 뒷모습이 제 눈에 익은 것 같네요.

서면청과시장을 지나 버스는 돌아 부전시장 부산진구청 일성아파트 삼부아파트 연지치안센터를 지나가요. 연지치안센터에서 커다란 바나나 한 손을 들고 타신 아주머니는 아까부터 전화기를 붙잡고 얘기하고 계시네요.

"....어, 오데? 집에 올라가고 있다. 내 지금 연지다.

40분 되믄 가겄다. 그래, 그래, 은자 타고 간다. 다 왔다"

다시 성곡시장을 지나 삼광사 창곡종합시장 초연중학교 어린이대공원 시민도서관 초읍대우아파트를 지나 원당골로 돌아오면 십분 간의 휴식은 꿀맛이지요.

바나나 한 손을 왼손에 들고 한참 전화통화하시던 아주머니는 종점에서 내리시네요.

"하이고, 다른 운전기사 아저씨들은 운전하믄 울컹울컹 하는데

이 아저씨는 운전도 울컹울컹 하게 안 하고 아주 잘 한데이...

하나도 안 울컹울컹 하게 하네. 다른 기사님들은 울컹울컹 하게 하는데..."

아주머니는 저 멀리 걸어가시면서도 계속 울컹울컹 중얼중얼 울컹울컹 중얼중얼 울컹울컹 중얼중얼...

원당골 종점에 도착했네요. 버스에서 막 내린 기사님이 젊은 기사님에게 말을 건네시네요.

"니는 집이 바로 여근데 와 안들어가고 여그서 죽치고 있노?"

그러자 젊은 기사님.

"장모하고 얼굴 맞대고 있을라 하니 갑갑해서 나왔다. 집도 19평이라 얼

굴을 요래 마주하고 앉아 있어야 하는데... 말이라도 통해야 이야기라도 해
보지. 행님 같으면 말도 안 통하는 장모하고 마주앉아 있을 수 있겠나?"

베테랑 중의 베테랑 기사 장조장님이 버스에서 내리시네요. 33번 한창
여객 소속의 15번 마을버스에는 버스운전 경력 28년을 자랑하는 장조장님
같은 기사분도 계시지요. 반대로 2~3년 경력을 쌓아 시내버스로 이직하기
위해 입사하는 젊은 기사님도 계셔요. 입사한 지 한 달 된 기사님은 부산에
젊은이를 위한 좋은 일자리가 없어 버스회사에 입사하게 되었다고 하네요.

"이 일도 인자(구하기)는 어렵다. 지금 초봉 연봉이 000쯤 되나? 내가 일
할 때만 해도 지금보다 적었는데 지금이야 좀 더 안 되겠나? 복지도 좋아
지고 정년도 보장되고... 연봉에 학자금까지 포함되니 나아지긴 나아졌제.
근데 그라믄 뭐 하노? 세금을 얼마나 떼가는데...."

장조장님이 중얼거리시네요.

저는 부산진구에서 시장, 백화점, 학교, 아파트, 웨딩홀 등 작은 세상을
누비는 발이예요. 아침 6시를 시작으로 저녁 10시까지 10분 간격의 배차시
간과 하루 2교대로 운행하고 있지요. 한 대당 오전 7회, 오후 9회 운행이라
는 벅찬 일정을 매일 소화하고 있어요. 그럼에도 쉼 없이 마을을 오르내리는
15번 마을버스 기사님들의 얼굴에는 낯익은 얼굴과 오가는 이바구로 즐겁
답니다. 그걸 저는 확실히 알 수 있어요. 제가 온 몸으로 매일 울컹울컹 느끼
거든요.

자, 어서오세요. 이제 출발합니다.

**서화성** 시인

–

연극배우 아내와 무엇이 같을까.

음악에 대한, 술에 대한 취향이. 간혹, 바다를 보고 돌아오는 날,

보글보글 된장찌개와 시 낭송을 할 때나는 시인이구나.

영문학과를 졸업했으니 영어는 잘 하냐고. 아니, 나는 시를 잘 쓰고 싶다고, 시를.

## 사상구. 운수사(雲水寺)에서 바라보는 사상의 7번

**서화성** 시인

마을버스는 지팡이다

산복도로는 날개 잃은 포복의 합성어다

날개 한쪽과 다른 날개의 합성어다

날개라는 이름과 외로운 포복의 합성어다

날지도 못하는 깃발과 낮은 포복의 합성어다

할머니의 날개와 여섯 살 손자의 합성어다

엄마를 닮은 깃발과 심장을 닮은 합성어다

타종소리와 쪼그린 허수아비의 합성어다

포복하는 포복중인 포복중의 합성어다

외롭다거나 깃발이거나의 합성어다

산복도로는 심장이거나 고향이거나 날개이거나

— 서화성 시 '산복도로'

## 사상의 고단한 삶, 7번 마을버스

산복도로는 지난한 삶의 흔적이다. 산허리를 휘감는 산복도로 주변까지 올라가다 보면 막힌 속이 뚫린다. 그곳은 늘 그리운 사람이 있다. 언제나 엄마 품처럼 따뜻한 곳, 외로움을 잘 타는 사람은 빠른 것과 어울리지 않는다. 가다가 누군가 보고 싶어지면 마을버스를 타고 자신을 맡겨보라.

마을버스 7번은 르네시떼를 출발하여 모라 1단지를 왕복 운행한다. 사상터미널과 덕포시장, 사상공단을 관통하는 사상의 황금노선이다. 개통 당시에는 모라주공과 모라역간 셔틀 노선이었으나 지금은 학생들의 통학과 노동자의 출퇴근의 발이자 모라 1단지까지 들어가는 주민들의 발이다. 운행거리는 짧지만 언제나 만석이다. 2교대를 하다 보니 기사는 화장실 갈 시간조차 없다고 한다. 열악한 환경을 넋두리하듯 풀어놓는다.

## 사상을 깨우다. 재첩국 사이소, 재첩국

사상하면 으레 떠오른 것은 시외버스터미널, 사상공단이다. 그 정도다. 나만 그렇게 생각할까. 그 생각은 오산이다. 부산교통의 요충지로 서부산의 관문으로 남해고속도로와 연결되고 지하철 2호선이 견인 역할을 한다.

통일신라시대에는 동래군에 고려시대에는 양산군에 조선시대에는 동래군에 속한다. 동래구 사상면에서 이후 1975년에는 부산직할시 북구 사상출장소로 행정명을 가지고 있다가 1995년에 14개동을 가진 부산광역시 사상구로 명명된다. 삼락동이 가장 넓고 덕포 1동이 가장 좁다. 또한 '사천(沙川)'에서 '사상(沙上)'에 이르기까지 모래와 강을 끼고 살아왔음을 말해주듯 사상의 역사 또한 길고 장대했음을 짐작한다.

부산 사람은 재첩국이다. 강 하구 지역인 감전, 삼락의 강변 모래펄에는 재첩이 많이 난다. 일거리가 별로 없던 시절, 우리네 어머니는 재첩국 장사를 통해 생계를 이어간다. 밤새 끓인 재첩국을 힘겹게 머리에 이고 새벽이면 골목 이곳저곳에서 목이 쉬도록 외친다. "재첩국 사이소, 재첩국" 그 당시에는 그 소리가 기상나팔처럼 들렸을 것이다. 그 맛은 시원하면서 찐한 국물이 일품이다. 술 마신 다음날, 아버지의 아버지 때부터 시린 속을 달래준 것이 재첩국만 한 해장국이 어디 있었겠는가.

### 사상생활사박물관

삼락천을 따라 덕포시장 뒤편에 사상구를 한눈에 볼 수 있는 '사상생활사박물관' 이 있다. 3층에 올라간다. 해설사의 맛깔스런 소개가 이어진다.

'강, 사상 삶의 젖줄' 테마의 제1전시실은 역사와 생업과 교육을 이야

삼락천을 따라 덕포시장 뒤편에 사상구를 한눈에 볼 수 있는 '사상생활사박물관' 이 있다.

기하고 갈대 빗자루, 장어 갈퀴, 재첩 양동이 등 유물들을 소개한다. 제2전시실은 '모래톱에 불어 온 근대화의 바람' 테마다. 대표 유물은 국제상사 30년사, 고무신 등이다. 그 당시 여공들의 고달픈 생활상을 보니 마음이 애잔하다.

'사상의 오늘과 미래' 테마의 제3전시실은 사상 사람들의 삶의 흔적과 멋과 솜씨를 재현한 곳까지 둘러본다. 사상을 다 안다고는 할 수 없지만 사상이 궁금하다면 '사상생활사박물관' 에 가는 것을 권하고 싶다.

### 사립 명진학교 석주

석주(石柱)가 있다는 사상초등학교에 간다. 방학이라 아이들의 고함소리가 그립다. 교정에는 사상구의 문화유적인 '사립 명진학교 석주 기념비' 가 세

사상구의 문화유적인 '사립 명진학교 석주 기념비' 가 세워져 있다.

위져있다. '사립 명진학교'란 1909년 옛 동래군 사상면 지역에 처음으로 설립된 초등학교의 이름이다. 안타깝게도 지금까지 알려진 것은 '사립 명진학교'라고 쓴 글자만 소개될 뿐이다. 누구도 이 기념비가 세워진 내력에 대해 아는 사람이 없다고 한다. 석주 뒤를 보니 글자가 보인다. '明進學校의 悲境'이란 제목의 1919년 8월 16일 자 매일신보 기사가 2단으로 새겨져 있지 않은가, 얼마나 답답하길래 비경이라 하였을까. 이 석주에는 '私' 자는 깨여져 없고 '立明進學校' 다섯 글자만 있다. 어디에 있을까. 이 또한 어스름한 저녁, 왠지 모르게 뒤돌아서는 발걸음이 무겁다.

## 강선대

강선대(降仙臺)는 신선이 내려와 목욕을 하고 노닐다 갔다고 하여 붙여진 이름이다. 두 개의 암구가 있는데 독산(獨山)이라 한다. 그 위에는 당산(堂山)이 있다. 이 당산이 있는 곳을 강선대라 하는데 도로의 동쪽에 있는 것은 하강선대, 서쪽에 있는 것을 상강선대라고 한다.

덕포역에서 조금 걸어오니 상강선대가 있다. 현재 상강선대는 그 안에 할배 당산이 있다. 사상초등학교 뒤로 돌아가면 하강선대가 보인다. 그 안에 할매 당산이 있다. 지금도 주민들은 마을의 안녕과 화합을 위해 상강선대 당산제(上降仙臺 堂山祭)를 지내며 전통을 이어오고 있다. 하강선대 당산제(下降仙臺 堂山祭)를 마친 뒤에 음복을 하면 금기할 것이 있어 마을의 노인층만 주로 여기에 참여한다고 말한다.

### 삼락생태공원, 벚꽃이 피었어요

사상의 봄은 벚꽃이다. 특히 부산은 벚꽃길이 많다. 그중에서 삼락 벚꽃길을 테마로 하여 행해지는 삼락 벚꽃축제는 부산에서 으뜸이다. 특히 '전국의 아름다운 길 100선'에 선정된 데다 '부산의 아름다운 길 10선'에도 포함되어 있다. 그리고 삼락생태공원은 낙동강하구 4개 둔치 중 가장 넓은 곳으로 직장인의 휴식공간이자 쉼터다. 자연이 살아 있다는 걸 느낄 것이다. 내년 봄은 낙동강변을 따라 군락을 이룬 삼락 벚꽃길을 연인끼리, 가족끼리 즐겨 보시라. 결코 후회하지 않으리.

### 사상 팔경대

사상하면 사상 팔경을 빼놓을 수가 없다. 사상 팔경은 해운 팔경, 수영 팔경과 더불어 부산의 3대 팔경 중에 하나다. '동래부지'에 따르면

"낙동강변 사상 지역은 주변 경색이 매우 아름다워 이를 '사상 8경'으로 불렀다. 이는 중국의 '소상(瀟湘)'의 여덟 가지 아름다운 경치와 같다"고 기술한다. 구덕조무(九德朝霧), 원포귀범(遠浦歸帆), 평사낙안(平沙落雁), 칠월해화(七月蟹火), 팔월노화(八月蘆花), 서산낙조(西山落照), 운수모종(雲水暮鐘) 금정명월(金井明月)이 사상 8경이다.

파라곤 호텔 앞에 사상 팔경대(沙上 八景臺)가 있다. 도심 속에 있는 휴식공간이라 잠시 쉬어가라 한다. 이전에 사상역 근처 회산이라는 산에 팔경대라 하는 바위가 있었는데 이곳을 오르면 팔경을 감상할 수 있다고 전해진다. 지금은 사상 팔경대만이 그 명맥을 유지하고 있다. 그 아름다움을 어디서 볼 수 있을까.

복이 있는 덕포시장

덕포시장에서 내린다. 사상구의 유일한 재래시장이고 전통시장이다.

시장입구에서 '복이 있는 덕포시장' 이라고 반긴다. 덕포(德浦)의 옛 이름
은 '덕개', '덕' 은 언덕이라는 뜻으로 언덕 끝에 배를 대는 포구로서 덕포가
되었다고 한다. 이처럼 덕포는 포구가 있어 많은 사람들이 왕래가 있었다고

짐작된다. 다른 곳에서 볼 수 없는 이곳은 다국적 시장이다. 가는 곳마다 사상 사람보다 이주민이 더 많다. 마치 필리핀이나 베트남의 어느 시장에 온 듯한 느낌이다. 좌판을 깔고 한 잔 할 수 있는 곳이다. 여전히 많은 사람들로 북적이면서 정이 넘치는 복이 있는 시장이다.

### 사상공업단지

삼락천을 가로질러 양쪽으로 거대하게 형성되어져 있는 사상공단, 부산 최초의 공단지역이다. 시외버스터미널을 중심으로 상업기능이 밀집해 있다면 사상공단은 부산 경제를 책임지고 있다. 주로 조립금속 및 기계장비업체, 화학, 석유 업체 등이 주종을 이룬다. 밤이 무너진 지금 이 시간에도 공장은 쉴 새 없이 돌아간다.

### 한국 신발산업의 메카 국제상사가 있었다

부산의 신발산업하면 단연 국제상사다. 수출의 선봉, 신발산업의 메카, 세계 최대의 단일공장 등이 당시 국제상사를 표상하던 용어다. 신발공장이 사상공단으로 진출한 때는 1970년대다. 이후 국제상사 사상공장은 신발산업의 전성기를 맞아 부산을 대표하는 공장으로 우뚝 선다. 그 당시 국제상사의 흥망성쇠는 부산의 신발산업과 그 궤를 같이하고 있다. 다시 말해 신발이 부산을 먹여 살렸다는 말이다.

시골에서 올라온 여공들이 열악한 작업장에서, 그중에 날날이 집 애환도 있다. 집주인은 더 많은 셋방을 놓기 위해 공간만 있으면 방 한 칸에 부엌을 달아 만든 날날이 집, 당시 생활은 어려웠지만 나름대로의 사람냄새가 있었을 것이다.

사상공업단지

다른 공장이 잇달아 들어서면서 마침내 국제상사는 김해로 공장을 옮긴다. 공장은 김해로 이전하면서 사상공단 시대를 마감하게 된다. 어느덧 옛날 사상공단을 기억하는 사람에겐 국제상사는 어떤 추억으로 남아 있을까.

인터뷰

하루가 짧은 그곳은 지금도 주 5일 근무는 다른 세상처럼 느껴진다. 만나는 사람마다 상남자처럼 투박하다. 경상도 남자답다.

#노동자 1

나이는 60살. 한 직장에서 35년을 다녔지만 언제나 생활이 불안정하다.

자식들 키우기가 힘들고 버겁다. 특히 나이가 들수록 일이 없어질까 봐 불안하다고. 길게 한숨을 쉬며 담배를 문다.

"내가 처음 일할 때는 사상공단이 전부 슬레트였재, 그때는 무신 제대로 된 건물이나 있었겠나. 모두가 하루하루 살아가기 바빴재."

피다만 담배를 다시 문다. 순간 연기가 뿌옇다.

"그 유명하다는 국제상사도 저거 저 삼락천 건너편에 있었재. 그때 삼락천도 똥물이었거든. 그래도 국제상사가 있을 때가 여기 사상은 사람냄새가 많았재"

주름진 얼굴에서 한숨이 빠져 나온다. 경제 성장에 비해 월급은 올랐다지만 지금이 더 힘이 든다고 한다. 미래를 묻는다. 이 나이에 미래가 어디 있냐며 내일을 알 수가 없는데, 내일을. 그저 하루하루 사는 게 미래라면서 담배를 피운다. 가끔 직장 동료와 소주 한잔하는 게 낙이라면 낙이라고 너털웃음이다. 담배연기와 함께 긴 한숨도 날아갔으면 좋으련만.


#노동자 2

이름은 린. 나이는 31살. 한국에 온 지 8년째다. 돈이 없어 단칸방에서 생활하고 있으며 살기가 어렵다고 한다. 그래도 웃음을 잃지 않는다. 그것이 그에게는 큰 장점이다. 몇 달 전만 해도 공장에 다녔는데 부도나는 바람에 현재는 실직상태. 아르바이트 자리라도 구하기가 힘들다고 한다. 공장 다닐 때는 지금보다 웃음이 더 많았다고. 월급이 백사십만 원 정도였는데 둘이서 생활하기에 넉넉하지 않았지만 그런대로 생활은 되었다는데 지금은 살길이 막막하다 한다. 현재 난민신청을 해 놓은 상태다. 생활은 어렵지만 한국이 좋아 계속 거주하고 싶다고 한다. 한국이 좋은 이유를 묻는다. 네팔보다 일을 할 수 있어 좋고 교통이 좋다고, 병원시설도 좋다 한다. 현재 하고 싶은 것은 직장을 구해 아내와 행복하게 사는 게 꿈이라고. 하나 더 소원을 묻는다. 자기를 닮은 아이도 갖고 싶다면서 같은 말을 여러 번째다. 그래도 헤어질 때 람러리자누스(안녕히 가세요), 람러리자누스를 몇 번이나 고개를 숙이며 인사한다. 린, 부디 웃음 잃지 말고 꿋꿋하게 아이 낳고 잘 살기를 바란다며 어둠을 뒤로 하고 돌아선다.


#### #노동자 3

이름은 보티민. 한국남자와 결혼하고 이혼 후 현재는 베트남 남자와 5년째 살고 있다. 남편은 무뚝뚝해 보이지만 우리 대화가 궁금한지 아내에게 말을 건다. 나이는 33살. 6년 정도 신발공장에서 일을 했다고 한다. 그때는 동료들 때문에 힘이 들었다고, 잠시 어두웠던 얼굴이 이내 웃음으로 바뀐다. 특히 한국 드라마가 좋고 날씨가 좋고 그냥 한국 사람이 좋다고 한다. 더 좋은 이유를 묻는다. 지금은 가족이 있어 좋다고. 주말이면 가족끼리 가까운 삼락공원에 가거나 모임에 나가 베트남 음식을 만들어 맥주 한 잔하는 게 가장 기분이 좋다고. 꿈이 무엇인지 묻는다. 옆에서 컴퓨터를 하는 아이에게 눈길이 간다. 잠시 웃는다. 아이를 잘 키우고 싶고 집도 사고 싶고 그리고 한국

말을 더 잘하고 싶다고 한다. 문을 나설 때까지 연신 죽뭉행복(행복하세요), 죽뭉행복, 죽뭉행복. 가족 모두가 잘 가라며 손을 흔든다. 지하철역까지 걸어오는 내내 스스로에게 죽뭉행복, 죽뭉행복을 되새긴다. 이 말처럼 이 가족이 지금보다 더 행복했으면 좋겠다.

## 천년고찰 아름다운 인연, 운수사

마을버스 종착지인 모라 1단지에서 내린다. 가슴이 조여드는 날씨다. 물병은 이내 바닥을 보인다. 여름 한철 매미소리가 대단하다. 그 소리에 발걸음을 재촉한다. 운수사 1km 팻말을 지나 걸어서 20여 분 거리다. 평소에 산 타는 것을 좋아하지만 힘들다는 말조차 힘이 든다. 운수천 계곡을 따라 올라가니 웅장하게 버티고 있는 운수사(雲水寺). 부산에서 가장 오래된 목조건축물인 대웅전은 보물 제1896호. 그 정기를 받아 단숨에 감로수 한 바가지를 들이마신다. 내장까지 시원하다.

절이 언제 창건되었는지는 알 수 없지만 운수사의 처음 이름은 신수암이라고 전해진다. 절의 경내에 있는 약수터에서 안개가 피어올라 구름이 되는 것을 보고 이곳에 절터를 잡아 운수사라고 하였다고 한다. 그 외에도 대웅전의 석조여래삼존좌상, 아미타삼존도가 문화재로 지정되어 있다. 또한 운수모종은 유일하게 경치가 아닌 범종 소리만으로 8경에 포함됐는데, 그 종소리가 사찰 주변의 10리까지 울렸다고 전한다. 하지만 운수사 종은 어느 날 갑자기 사라졌고 현재 그 경위를 확인할 길은 없다는 것이다. 운수사 종소리가 하루 빨리 울렸으면 하는 바램이다.

사상구 슬로건이 新나는 사상이다. 어울렁 더울렁 新이 있는 사상이다. 말 그대로 사상은 新이 있는 곳, 그곳이 바로 사상이다.

천년고찰 아름다운 인연, 운수사

삼락생태공원, 벚꽃이 피었어요

**임회숙** 소설가

—

동의대 강의전담 교수로 국문학을 전공했고 소설과 사람에 관심이 많다.
'무엇이든 그럴만한 이유가 있다' 는 믿음으로 행복하게 살고 있다.
스물인 아들의 자유로운 인생을 응원하면서...

## 서구. 감천문화마을에 가면,
### 방문객도 있고, 마을주민도 있고, 마을버스도 있다

**임회숙** 소설가

"이 버스 타세요. 이 버스 감천문화마을 갑니다."

그가 버스 창문을 열고 길 위의 사람들을 향해 소리쳤다. 핸드폰만 들여다보던 사람들의 반가운 눈빛이 그를 향했다. 그는 사람들에게 버스에 오르라고 손짓했다. '삐' 하는 차량 문 개폐기음이 들리고 잠시 후.

"감사하미다."

한 무리의 젊은이들이 어눌한 발음으로 인사를 하며 차에 올랐다.

"아. 오케이, 오케이."

그의 경쾌한 대답에 젊은이들 웃음소리가 차 안 가득 퍼졌다.

문정명 씨(47세)는 사하 1-1번 마을버스를 운전하는 기사다. 그가 마을버스 운전을 시작한 것은 1년 6개월 전. 장거리 화물차를 운전하던 문 씨는 커가는 딸과 노모를 위해 마을버스 기사가 되기로 했다. 화물차에 화물을 싣고 집을 떠나면 이 삼 일을 길 위에서 보내야 했다. 하나뿐인 딸이 커가는 모습도 보고 싶고, 혼자 노후를 보내는 어머니도 지켜드리고 싶어 마을버스 기사가 됐다.

활달한 성격의 문 씨는 마을버스를 운전하면서 많은 것을 배우고 있다며 마을버스에 감사한다고 했다.

"마을버스는 가족적이다. 늘 타는 사람들이 탄다. 단골이 많다는 얘기다. 그러다 보니 서로 양보하고 배려하는 마음이 크다. 그래서인지 마을버스는 시내버스보다 정감이 있다."

버스에 오르는 사람들과 연신 인사를 나누는 그의 모습에서 정감 있다는 말의 의미를 이해할 수 있었다. 버스를 운행하는 동안 문 씨는, 손잡이를 꽉 잡아 달라는 부탁부터, 한 발씩 안으로 들어가 달라는 안내까지 쉬지 않고 버스 안을 살폈다.

사하 1-1번 마을버스는 감천문화마을을 경유한다. 버스는 부산 지하철 1호선 충무동역에서 괴정에 있는 동주대학 앞까지 운행된다. 마을버스 치고는 운행 구간이 길다. 그리고 특이한 점은 마을버스 정차역마다 타고 내리는 사람들이 좀 달라 보인다는 것이었다. 어느 구간에서는 동네 주민들이 많은 것 같고, 어느 구간에서는 부산을 찾은 방문객들이 많은 것 같았다. 문 씨는 그것이 '감천문화마을' 때문이라고 했다.

"방문객이 주로 탑승하는 구간은 부산지하철 1호선 충무동 역과 부산대학병원 역이다. 그리고 감천문화마을을 벗어나면 이곳에 거주하는 주민들이 주로 이용한다."

앞서 어눌한 한국말로 인사를 건네던 외국인 방문객이 버스를 탄 곳도 부산대학병원 역이었다. 문 씨는 부산대학병원 역에서 버스노선을 찾지 못해 헤매는 방문객들을 불러 태우곤 한다고 했다.

"스마트 폰을 들고 두리번거리는 사람은 십중팔구 감천문화마을 방문객이다. 긴가민가한 표정으로 두리번거리는 사람이 있으면 내가 손짓으로 부른다."

그의 손짓을 보고 버스에 탑승한 방문객들은 무조건 고맙다는 인사를 한다고. 그냥 지나칠 수도 있을 텐데 굳이 손짓으로 불러 태워주니 고마울 밖에. 간혹 그가 운전하는 버스에 승차한 방문객은 어디를 구경하면 좋을지 그에게 묻기도 한다. 그러면 그는 부산관광해설사처럼 부산의 이곳저곳을 소개한다.

"나는 부산의 숨은 장소를 주로 소개한다. 해운대나 광안리는 많이 알고 있지 않나. 그래서 방문객들이 잘 모르는 사하구와 서구 인근을 소개하는 편이다."

문 씨는 부산 중구에서 자라 성인이 된 후부터는 사하구 일대에서 생활했다. 그는 부산의 원 도심(중구. 동구. 서구. 영도구)과 사하구에 대한 남다른 애정을 보였다.

"취미가 사진 촬영이다. 사진을 찍기 위해 휴일이면 부산 이곳저곳을 돌아다니게 된다. 사진을 찍으면서 부산의 참 모습을 알아가게 된다. 그리고 방문객들에게 알리고 싶은 곳이 많아졌다."

그는 몰운대의 뛰어난 풍광부터 낙조분수의 화려한 볼거리까지, 부산을 처음 찾은 이들에게 낯설 법한 곳들을 주로 소개한다. 문 씨는 부산의 동쪽만큼이나 부산의 서쪽도 아름답다는 사실을 방문객들이 알았으면 좋겠다고 했다.

"얼마 전 송도 케이블카가 문을 열었다. 그곳 야경이 참으로 아름답다. 최근에는 방문객에게 송도 케이블카도 소개하는 중이다."

그의 소개로 다대포와 낙조분수를 찾은 방문객이 그에게 고맙다며 사

진을 보내오기도 했다. 서울에서 왔다는 젊은 여성 2명에게 부산 관광명소
를 소개했더니 함께 기념사진을 찍자고 해 함께 찍었다.

"그 여성분들께 내 얼굴은 초상권이 없으니 SNS에 올려도 된다는 농담
을 했다. 그랬더니 재미있는 아저씨라며 전화번호를 묻더라. 얼마 후 함께
찍은 사진과 다대포의 낙조 분수, 그리고 몰운대 일몰을 찍어 나에게 보내
왔다. 그럴 땐 마을버스 기사로서 자부심을 느낀다."

그는 그렇게 선물 받은 사진을 자신의 핸드폰에 잘 간직하고 있었다.
문 씨는 이런 것이 마을버스 기사라 누릴 수 있는 행복이라고 설명했다. 방
문객이 타고 내리는 동안 쉬지 않고 인사를 하던 그의 목소리가 진지해졌다.
그러더니 감천문화마을을 찾는 방문객이 많아지면서 이곳에 사는 주민들이
불편해졌다고 입을 뗐다.

사하 1-1번 마을버스는 감천문화마을을 경유한다.

"사실, 마을버스라는 것이 시내버스와 지하철이 닿지 않는 곳에 사는 주
민들을 위한 것 아니겠는가. 그러니 마을 주민들이 쉽게 타고 내릴 수 있어
야 하는데, 이곳은 그럴 수 없는 곳이다. 방문객이 많아 감천문화마을 주민
들이 불편을 겪는 경우가 종종 있다."

감천문화마을은 주말마다 방문객이 넘쳐난다. 그러니 감천문화마을 주
민들은 마을버스 이용에 불편을 겪게 되는 것이다. 지난해 감천문화마을을
찾은 방문객이 백만 명에 이른다고 한다. 이곳에 사는 주민보다 많은 숫자다.
마을버스를 자신의 발처럼 이용하는 마을 주민들의 불편이 느껴지는 부분
이다. 주말도 주말이지만 골목축제가 되면 그 정도는 더욱 심해진다. 이곳에
사는 분들은 대부분 연로하신 노인들이다. 경사가 심하기로 유명한 산복도로다

보니 어르신들이 걸어 다니기는 역부족이다. 주말과 골목축제 때마다 특별 증차를 한다고는 하지만 차량보다 방문객이 많으니 주민들이 버스를 못 타는 경우가 허다하다.

"어머니, 아버지들이 두어 걸음 걷고 쉬시는 것 보면 마음이 아프다. 뭔가 좋은 방법이 있었으면 좋겠다."

문 씨는 어르신들이 버스에 오르실 때는 앉을자리를 잡을 때까지 차를 출발하지 않았다. 문 씨는 어르신들을 유난히 챙기는 것 같았다. 그래서일까, 문 씨를 챙겨주는 어르신들도 많다.

"매일 사탕 두 알을 주시는 어머니가 계시다. 며칠 전에는 사탕 한 알을 주시면서 초콜릿 사탕이 녹아서 없다며 하나만 먹으라고 하시더라. 개수가 문젠가, 주시니 늘 감사하다."

사탕만이 아니다. 감천문화마을을 방문하는 방문객이 기념사진과 인사 문자를 선물로 준다면 마을 주민들은 각종 간식거리들을 준다. 거의 매일 만나는 사이라 그런지 대부분의 주민들이 마을버스 기사를 같은 마을 주민처럼 대한다고 한다. 시장을 보고 돌아가는 길에 참외나 사과 등을 주는 주민도 있고, 특별히 주문한 간식을 기사들에게 나눠주는 주민도 있다.

"일명 '꼬까방' 이모님은 명절마다 기사들에게 선물을 주신다. 선배 기사들에 의하면 마을버스가 들어가지 않는 골목까지 모셔다 드렸던 것이 인연이 된 것이라고 했다. 지금으로 치면 '안심귀가' 서비스라 할 수 있을 것 같다. 어제도 이모님께서 샌드위치를 주셨다. 마을버스 기사들이 따로 밥 먹을 시간을 못 낸다는 것을 아시는 것 같다. 덕분에 허기를 달랠 수 있었다."

이모님 별명이 특이하다고 묻자, 감천에서 작은 가게를 운영하시는데

사하 1-1번 마을버스기사 문정명씨

그 가게 이름이라고 했다. 다시 한번 문 씨가 말한 마을버스의 정겨움이 느껴졌다. 이 외에도 말총머리 할아버지, 총총 할아버지 등 마을버스 단골손님이 많았다. 이곳에 터를 잡고 살아오신 분들이 많다는 말일 것이다.

감천문화마을은 피난시절 부산 서구 보수동 일대에 모여 있던 태극 도인들이 감천2동으로 이주하면서 만들어진 곳이다. 척박한 감천2동에 터를 잡은 태극 도인들이 길을 내고 우물을 파고 집을 지으면서 마을이 형성되었다.

이곳은 한 때 기차마을이라 불리기도 했다. 집들이 일렬로 나란히 서 있는 모습이 마치 기차를 닮았다 하여 붙여진 이름이다. 마을을 만들고 가꾸었던 윤대한 할아버지 말에 따르면 화제에 대비하기 위해 방화선을 만든 것인데 그것이 마치 일정한 구획처럼 보이게 되었고, 집들이 일정한 간격을 이룬 기차처럼 보이게 된 것이라고 했다. 판자로 집을 짓고 루핑으로 지붕을 얹어 판잣집을 지었고, 공중화장실과 우물을 넣어 사람이 살 수 있도록 만들었다. 사람이 살기 위해 필요한 모든 것, 그중에서도 가장 필요했던 것은 살만한 곳이라 여기고 마음으로 의지하는 것이라고 했다.

그렇게 만들어진 감천문화마을은 1960년대 이후 일자리를 찾아 부산으로 스며든 사람들이 하나둘 모여 지금의 규모로 발전하게 된다. 누군가는 엿을 팔고 누군가는 연탄을 팔고, 일용직부터 고물상까지 참으로 다양한 직업으로 입에 풀칠을 하며 살아왔다. 이곳에서 태어난 아이가 불혹을 넘기고 환갑을 넘기는 동안 마을은 낙후되었고 사람들이 등을 돌리던 그때, 한 무리의 예술가들이 찾아왔다. 마을 곳곳에 그림을 그리고 예쁜 조각들을 앉히면서 마을을 찾는 이들이 많아졌다. 오며 가며 스치던 골목이 알록달록한 색을 입자 사람들의 발길이 머물기 시작했고, 짙은 회색빛으로 죽어가던 동네에 생기가 돌았다.

마을 재생 프로젝트를 진행한 진영섭 선생은 지금까지도 마을 주민들과 함께한다. 그는 마을 재생 프로그램이 일회성 행사로 끝나지 않도록 최선을 다했고 그 결과 마을 스스로 자생할 수 있는 기틀을 마련할 수 있었다.

감천문화마을은 관광객이 오는 곳이 아니라 방문객이 오는 곳이다. 감천문화마을은 주민들이 거주하는 주거공간이므로 관광객으로 둘러보고 구경하는 곳이 아니라는 말이다. 이곳을 찾는 사람들은 감천문화마을을 방문하는 손님이다. 그래서 이곳을 찾는 사람은 관광객이 아니라 방문객인 것이다. 전쟁을 피해 피난 온 그들의 삶이 척박했을지언정 가난했다고 말해서는 안 된다. 그때는 모두 힘들었고 가난했었다. 감천 2동의 가난만 유별난 것이 아니

므로 그들의 삶을 가난이라 불러선 안 되며, 가난이 구경 거리여서도 안 된다. 오히려 이곳 감천문화마을이 품고 있는 시간과 주민들의 노고가 문화가 된 것이다. 그러므로 감천문화마을을 찾는 이들은 방문객으로서의 예의를 갖추어야 한다.

"가끔 버스비가 없는 아이들이 타곤 한다. 미리 교통카드 잔액 확인을 못 하고 등굣길에 오른 아이들이다. 그러면 간혹 무료로 태워준다. 마을버스 아닌가."

마을버스 기사 문정명 씨는 버스비가 없는 아이를 공짜로 태워 주곤 한다. 물론 상습적인 사람은 예외다. 실수로 돈을 준비하지 못한 아이가 미안 해하지 않도록 다독이는 것도 잊지 않는다. 어쩌면 이런 심성 때문에 문 씨 의 얼굴이 밝은 것인지도 모르겠다.

문 씨는 좁은 언덕길을 힘겹게 오르면서도 친절함을 잊지 않았다. 좁고 가파른 도로에서 마주치게 되는 대형 차량을 보면 자신도 모르게 한숨이 나 지만 마을버스를 운전하는 것에 만족한다. 그는 이곳 주민들과 방문객의 발 이 될 수 있으니 늘 감사한다고 했다. 하지만 언제나 밝은 그에게도 한 가지 아쉬운 점은 있다. 그것은 운전예절이다. 부산은 사람이 살 집을 먼저 짓고 길을 만든 도시라고 한다. 도시계획이나 정비가 우선적으로 이루어진 타 도 시와는 다르다. 그래서인지 부산은 유난히 좁은 길이 많다. 특히 산복도로는 차 두 대가 한 번에 움직이기 어려운 구간이 허다하다.

"이 마을에 사는 분들은 도로 사정을 잘 알기 때문에 양보운전을 한다. 그러나 개인 차량으로 감천문화마을을 찾는 방문객들은 쉽게 양보를 하지 않는다. 아마도 길 상태를 모르기 때문일 것이다."

문 씨는 양보를 모르는 방문객 차량을 보면 감천문화마을의 길을 잘

GAMCHEON Culture Vilage

문화마을

모르기 때문일 것이라 생각한다. 하지만 양보를 하지 않아 어느 쪽도 움직일 수 없는 상황이 되면 문 씨 쪽이 초조해진다. 대중교통은 승객과의 약속을 지켜야 하는데 그렇지 못하는 경우가 생기기 때문이다. 몇십분 씩 기다릴 승객을 생각하면 좁은 길을 막고 서는 차들이 원망스럽다.

"도로가 넓으면 좋겠지만 여의치 않다는 것을 안다. 그래서 필요한 것이 양보다. 감천문화마을을 찾는 방문객들 모두가 즐거운 추억을 가져갈 수 있도록 도로에서는 양보가 필요하다고 생각한다."

세 시간 남짓 동행하면서 느낀 것은 마을버스가 얼마나 유용한가 하는 것이다. 마을버스는 시내버스가 들어가지 못하는 좁고 외진 길을 달린다. 산동네 후미진 골목까지 승객들을 실어 나르느라 힘겨운 엔진 소리를 토해내기도 하지만, 그런 길을 달리기를 마다하지 않는다. 또, 사하 1-1 번 마을버스처럼 부산을 찾은 관광객 혹은 방문객을 실어 나르며 부산을 알리기도 한다. 결국 마을버스는 사람 사는 곳으로 사람을 실어 나르는 것이다. 그래서 사람이 살지 않는 곳에는 사람도 없고 문화도 없고 마을버스도 없다.

**이미욱** 소설가

–

2005년《국제신문》신춘문예 소설부문으로 등단하여 작품집 『서비스 서비스』가 있다.
현재 계간《작가와사회》편집위원이고《국제신문》옴부즈맨 칼럼 연재 중이다.

## 연제구. 연제구 1번과의 동행

**이미욱** 소설가

눈부신 날, 매끈한 아스팔트 위를 마음껏 달리는 차들을 본다. 오르고 내리기 힘든 고지대와 좁은 골목, 샛길이 떠오른다. 일반 버스가 다니지 않는 틈새 구역이다. 그 길을 매일 달리는 차가 있다. 초록색 소형버스, 바로 마을버스다. 일반 버스나 지하철과 연계하는 마을버스는 우리의 발이 되어 마을 곳곳을 누비고 달린다.

마을버스를 타면 마을을 좀 더 가까이에서 볼 수 있다. 고지대가 기대고 있는 산자락, 정겨운 골목길, 사람 냄새를 짙게 풍기는 시장, 그늘이 드리워진 호젓한 샛길 등 삶의 냄새가 진하게 베여있는 마을의 모습을 확인할 수 있다.

마을버스는 친근하고 정감이 간다. 삶의 궤도를 함께 하는 이웃이 타기 때문이다. 서로가 존재하는 힘, 이웃. 이웃과 동행한다. 서로 어우러져 시간을 나누며 마음을 전한다.

## 행정 1번지, 시청 앞

부산의 중심에 위치한 시청역 6번 출구를 나오면 연제 1번 마을버스가 있다. 뜨거운 여름 햇볕 아래서 태닝을 하듯 정차하고 있다. 엔진 소리와 라디오 소리가 겹쳐 들리는 마을버스를 탄다. 썬캡을 쓴 할머니와 단발머리를 한 여대생이 앉아 있다. 뒷좌석에 앉은 여대생 옆자리로 간다. 승객들은 차창과 휴대폰에 시선이 가 있다.

차창으로 시청이 보인다. 연제구는 미관보다 기능에 충실한 시청 건물을 비롯해 시의회, 경찰청, 국민연금공단, 지방국세청, 고용노동청, 연제구청 등 공공기관들이 주변에 밀집해 있는 행정단지다. 거리에는 관공서를 찾아 민원을 해결하려는 사람들의 발길이 끊이질 않는다. 시청 앞에는 시민단체들의 현수막이 내걸려 있다. 소리 없는 시민의 목소리들이 바람을 타고 널리 퍼져나가고 있다.

연제 1번 마을버스 노선표를 본다. 연산 2동을 시계 방향으로 한 바퀴 도는 코스로 운행하고 있다. 생태 마을인 물만골로 들어가는 유일한 노선이다. 물만골 초입의 황령산로를 따라 올라가면 황령산 정상으로도 갈 수 있다.

파마를 한 할머니가 마을버스에 오른다. 썬캡을 쓴 할머니가 대뜸 소리를 지르듯 말한다.

"어디 갔다 오는교?"

마을버스 안에 수북했던 침묵이 훅 날아간다.

"아, 머리하고 온다이가, 표 안 나나?"

뽀글 할머니는 스타일이 바뀐 것을 모르는 것이 섭섭한 듯하다.

"잘 뽑았네. 부처 머리 같이."

썬캡 할머니의 말에 마을버스 안이 즐거워진다. 승객들의 입꼬리가 올라간다. 버스 기사의 굳은 표정이 풀어진다.

"지금 놀리는 기가?"

"참말로, 놀릴 것도 없다."

앞뒤로 앉은 할머니들은 얼굴을 마주하지 않고도 서로의 표정을 읽는 듯하다. 서로 투닥투닥 거리는 할머니의 말들이 정겹다. 오랜 세월 이어온 인연과 끈끈한 정이 있기에 가능한 일상의 대화다.

출입문이 닫히고 마을버스가 출발한다. 마을버스는 의기양양 달리다가도 정류장 즈음에서는 속도를 조금 줄인다. 정류장에서 버스를 기다리는 사람이 없어도 빨리 지나치지 않는다. 마을 사람들을 위한 운전 기사의 배려이다.


미래를 준비하는 곳, 연제도서관

어깨너머로 들려오는 할머니들의 말에 빙긋 웃다가 단발머리 여대생과 눈이 마주친다.

"어디 가세요?"

얼굴에 웃음이 가시기 전에 슬며시 말을 건넨다. 오렌지 립스틱이 잘 어울리는 여대생은 주춤하더니 이내 대답한다.

"연제도서관에 가요."

근처에 도서관이 있어서 좋겠다고 하자 여대생이 싱긋 웃으며 말한다.

"집이 시청 앞이라 방학 때는 학교보다 가까운 연제도서관으로 가요. 오고 가는 시간도 줄이고 밥값도 아낄 수 있어서 좋아요."

대학생으로 살기가 쉽지 않다는 말을 위로 삼아 건네며 다시 묻는다.

"연제도서관에도 사람이 많죠?"

"네, 아무래도 방학이라 더 그런 것 같아요. 바로 옆에 아파트가 있어서 아이들도 제법 보이고, 저 같은 대학생들도 있고, 어른들도 있고요. 근처 주민들이 편하게 이용하는 것 같아요. 지은 지 얼마 안 돼서 시설이 깨끗하고 규모에 비해 책도 많은 편이고요. 집 가까운 곳에 도서관이 있어서 참 좋은 것 같아요. 훗."

또렷한 목소리를 가진 여대생은 훗, 하는 코웃음 소리를 내며 말을 맺는다.

미래를 준비하는 여대생이 가장 필요한 시간을 보내는 곳이 도서관이다. 수많은 책과 함께 자신을 읽어 내야 한다. 자신을 위해 써야 할 무기를 갈고 닦아야 한다. 여대생의 눈빛에서 열정이 느껴진다.

마을버스는 연산 2동 주민센터를 지난다. 도심에서 벗어나 나지막한 주택들이 길게 늘어선 골목으로 들어간다. 주택가에는 할인마트, 목욕탕, 세탁소, 식당들이 모여 있다. 주택가의 오래된 벽과 담장에 그려진 벽화가 시선을 끈다. 삼일아파트와 연산초등학교 후문을 지나 연산 시장에서 버스 출입문이 열린다.

### 북적북적해야 제맛, 연산 시장

바퀴 달린 장바구니가 먼저 오른다. 이어 갈색 머리핀을 꽂은 아줌마가 탄다. 마을버스는 아줌마가 자리에 앉을 때까지 기다렸다가 출발한다.

"날이 가물어서 그런가, 풀떼기들이 비싸."

썬캡 할머니가 대파가 불쑥 튀어나온 장바구니를 보며 운을 뗀다.

"요즘 안 비싼 게 있나. 다 비싸지."

뽀글 할머니도 거든다.

"그래도 우짜겠어요. 제사는 지내야 되는데…."

아줌마가 손으로 이마를 쓸며 말한다.

"더운데 힘드셨겠어요. 시장보다 이마트가 더 편하지 않으세요?"

조심스레 물어보자, 아줌마가 빙긋 웃는다.

"편하다고 다 마트 가면 시장 사람들은 우짜고요. 내 같은 사람이 가야 시장도 좀 살지. 마트도 가긴 가는데 내랑 좀 안 맞아요. 그리고 제사 음식은 시장에서 봐야 제맛이고."

아줌마는 상냥하고 차분한 목소리로 말한다.

"하모, 시장 물건이 싸고 좋제. 우리 절에 보살들도 다 시장서 장본다이가."

이야기를 듣고 있던 뽀글 할머니가 맞장구치듯 말한다.

"북적북적 거리는 시장에 가는 재미도 있고 시장 사람들이 인정스럽고 하니까 그 때문에 가는 거지요."

아줌마는 할 말을 다 했다는 듯 고개를 돌려 머리핀을 고쳐 꽂는다.


## 도심의 활기, 이마트 입구

마을버스는 이마트 정류장으로 가기 위해 큰길로 나온다. 여전히 차들은 붐비고 거리를 걷는 사람들의 걸음은 바쁘다. 후끈 달아오른 도로에서 도심의 활기가 느껴진다. 마을버스가 신호등 앞에서 멈추자 승객들의 시선이 창밖을 향한다. 타워크레인이 올라가 있는 아파트 공사현장들이 눈에 들어온다.

"동네가 공사판이라… 하루 이틀도 아니고… 풀풀 날리는 가루는 다 제 입으로 들어갈 거 아이가."

일반 버스가 다니지 않는 틈새 구역, 그 길을 매일 달리는 마을버스

　　　　　　　　　"목욕탕 굴뚝은 없고 아파트만 들어서고…"

할머니들이 차례로 불평을 쏟아낸다.

　　"아파트서 편하게 살라고 그런 다 아입니까."

버스 기사가 슬쩍 한 마디 끼어든다.

　　"편할라 카다가 아파트로 병풍을 맹글것다!"

　　　　　　　　　"자꾸만 산을 깎아가 우짜겠다는 건지…"

할머니들의 신경이 날서 있다. 버스 기사는 멋쩍은 표정으로 아무 말 하지 않고 운전한다. 할머니들도 더는 말을 잇지 않는다. 여전히 곱지 않은 시선으로 공사현장을 바라볼 뿐이다. 어색한 침묵이 흐르는 가운데 이마트 정류장에 도착한다. 마을버스는 등산복 차림에 배낭을 멘 아줌마를 태우고 연

주택가의 오래된 벽과 담장에 그려진 벽화가 시선을 끈다.

산전화국과 새마을금고를 지나간다. '뉴스테이'를 반대하는 현수막들이 곳곳
에 걸려 있다.

안내방송이 연제도서관을 호명하자 여대생이 내릴 채비를 한다. 어느
결에 친해진 걸까. 다정하게 손을 흔들며 인사한다. 경동건설 본사와 아파트
공사 현장을 지나자 초록이 짙은 녹음이 보이기 시작한다. 회색빛 도심에서
벗어나 마치 교외로 나온듯한 착각이 든다.

"감사히 잘 왔습니다." 경동맨션 입구에서 장바구니를 들고 내리는 아
줌마의 목소리가 청량하다.

## 생태 마을, 물만골

안내방송은 물만골 입구라고 알린다.

수목과 풀이 무성하게 자라 어우러진 이곳은 영화 '1번가의 기적' 의 촬영지로도 유명하다. 오르막길을 오르자 푸른 나무들과 함께 빛바랜 슬레이트 지붕을 얹은 주택들이 즐비하게 들어서 있다. 푹 꺼져버릴 듯한 집들과 인적 없는 휑한 빈집들도 있다. 전깃줄을 타고 오른 넝쿨, 무지개떡처럼 색색으로 칠해놓은 담벼락, 자연을 그린 알록달록한 벽화…. 오랜 세월 주민들이 살면서 지켜오고 있는 물만골이다.

물만골 중간마을에서 뽀글 할머니가 수고하라는 인사를 남기고 내린다. 버스 기사는 조심히 가시라며 오르막길을 오른다.

"등산 가시나 봐요?" 등산복 차림을 한 아줌마에게 조심스레 물어본다. "아뇨. 고지서 배달하러 가요." 손사래를 치며 말하는 아줌마의 얼굴에 수줍음이 가득하다. 집집마다 돌아다니며 발품을 팔아야 해서 옷차림을 단단히 한 것이다.

"그럼, 물만골을 잘 아시겠네요."

"아니요. 호호. 배달한 지 얼마 안 돼서 많이 헤매고 있어요. 그래도 여기 오면 시골에 온 것 같이 기분이 좋아요. 공기도 좋고, 나무랑 꽃이랑 실컷 보고 나면 기운도 생기고 그래요. 호호."

아줌마는 연신 손으로 입을 가리며 웃는다.

나무 한 그루, 꽃 한 송이, 풀 한 포기가 베푸는 선물은 곧 신성한 생명의 아름다움이다. 우리는 생명의 가치를 새삼 다시 일깨워야 한다. 더는 자연에 빚지지 않는 삶을 살아야 한다. 물만골의 푸름이 우리 곁에 오래 머물도록 지켜내야 할 것이다.

내 집이 최고, 물만골 마을

마지막 정류장에서 썬캡 할머니가 내린다. 조금 절뚝거리는 할머니를 부축한다. 버스 기사와 인사를 나눈다. 할머니와 걸음을 맞추며 걷는다.

"버스 기사를 보면 그 아재가 생각난데이." 뽀글 할머니의 입가가 실룩 샐룩 거린다. "아재요?" 할머니를 곁눈으로 본다. 할머니의 시선이 어딘가를 응시한다.

"옛날에 좀 덜떨어진 아재가 하나 살았거든. 맨날 구르마를 끌고 댕기면서 애들을 태워줬다이가. 흙길에 구르마 안 타 봤제? 그거 세상 신난데이. 달리라, 하면 아재는 또 뛰는 기라. 그럼 애들이 얼마나 좋아했다고! 근데 그 아재랑 애들은 지금 다 어딜 갔는지 모르겠네."

우리가 미래를 꿈꾸고 이웃과 동행하며 삶을 살아가는 곳, 마을.

할머니 목소리가 풀이 죽는다.

"여기서 얼마나 사셨어요?" 애써 밝은 목소리로 물어본다.

"한 40년 됐나. 세월이 유수와 같데이. 누가 그라데.

여기 땅이 자궁과 비슷하다고.

그래서 그런가 다른 데 갈 생각이 안 들더라고."

"여기서 불편하진 않으세요?"

시야에 고지서를 손에 든 아줌마가 같은 길을 오르내리는 모습이 보인다.

"세상 편한 곳이 어디 있나. 다 글치. 여기서 산 세월이 얼만데 다른 데 간다고 맘이 편하겠나. 뭐라 뭐라 해도 내 집이 제일 최곤 기라. 뭐 자꾸 개발, 개발하는데, 하면 좋겠지. 근데 여기 사람들이 싫다 안 하나. 나무 베는 것도, 산 깎는 것도. 안 글나?"

할머니의 눈빛이 맑고도 깊다. 환한 미소로 화답한다. 시원한 바람이 분다. 더위가 조금 식는다. 함께 걸으면 가까워진다. 마음도 마찬가지다. 마을에 다닥다닥 붙은 슬레이트 지붕들이 서로 기대고 있는 것처럼 보인다.

연제 1번 마을버스를 타고 만난 마을은 회색빛 건물들로 가득한 곳과 초록빛 나무들이 무성한 곳으로 대조되고 또 조화를 이룬다. 행정단지의 딱딱하고 무미건조한 분위기에서 마을을 지키는 나무와 같은 사람들의 친근하고 정겨운 분위기로 변모한다.

이러한 마을에서 우리는 팍팍한 도시의 삶에서 벗어나 푸른 숲에서 숨을 고를 수 있는 여유를 가질 수 있다. 우리가 미래를 꿈꾸고 이웃과 동행하며 삶을 살아가는 곳, 마을. 그 마을의 의미를 재발견한다.

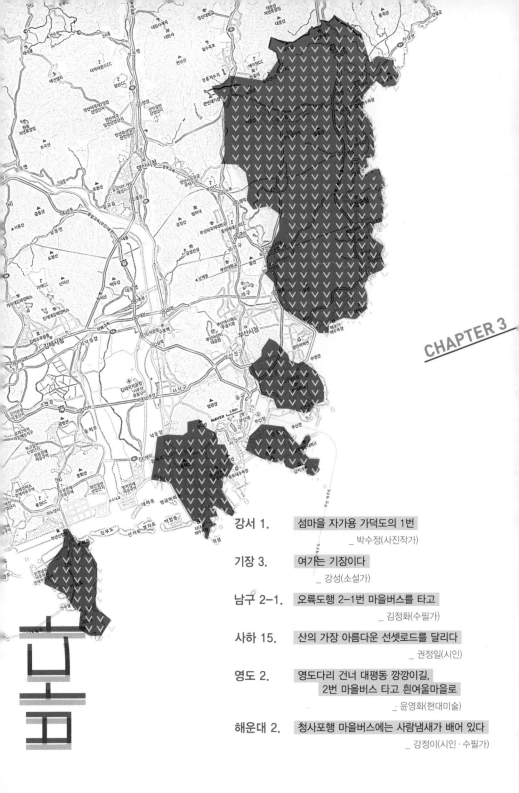

CHAPTER 3

부산

**박수정** 사진작가

–

창녕에서 태어나 부산에서 살았다.
현재 사진과 글쓰기를 하며 부산 경남의 기업사를 제작하고 있다.
영혼이 아름다운 여인의 동반자이자
행복을 나눌 줄 아는 일곱살 아이의 아빠다.

## 강서구. 섬마을 자가용 가덕도의 1번

**박수정** 사진작가

부산의 최남단에 가덕도가 있다. 소박한 포구들과 몽돌의 해변이 36km의 해안 곳곳에서 섬을 품는다. 강서구의 1번 마을버스가 섬사람들의 바라지가 되어 이야기를 실어 나른다.

### 섬마을 자가용 아입니꺼!

1번 마을버스는 가덕도 구석구석을 누빈다. 골목길도 언덕길도 마다하지 않는다. 가덕도 남쪽 깊숙이 자리한 대항선착장은 가장 깊숙이 자리한 종점이다. 가덕도의 유일무이한 대중교통수단인 1번 마을버스가 대항선착장에서 승객을 기다리고 있다.

대항선착장의 여름이 강렬하다. 온 몸이 땀으로 흥건하다. 자비 없는 햇빛은 이마의 모든 핏대를 피부 밑에서 지끈거리게 한다. 뙤약볕을 피해 마을버스로 서둘러 가는 것은 알베르 카뮈의 소설『이방인』의 주인공 '뫼르소'가 서늘한 샘을 찾은 이유와 같다.

버스는 조용히 출발 시간을 기다리고 있다. 운전석을 열어놓고 손톱 손

질에 몰두하고 있는 기사 아저씨가 보인다. 노선을 확인하기 위해 몇 마디를 건네자 검게 그을린 얼굴이 짧은 대답과 함께 나를 쳐다본다. 눈썹 위에서 흘러내린 땀방울이 눈가에 스며들어 시야를 방해했다. 마을버스 기사의 표정을 알 수 없다. 신경이 곤두선다. 아랍인을 향해 방아쇠를 당긴 뫼르소가 이랬을까? 때마침 손톱깎이는 햇빛을 반사하여 번뜩이고 기사는 잠시 소설 속 아랍인이 되었다. 내 손에는 권총대신 카메라가 쥐어져있다. 카뮈의 소설 놀이는 접자.

아차, 요금을 내려니 잔돈이 없다. 1만원권으로 요금을 지불할 용기가 나지 않았다. 바로 앞에 보이는 동네슈퍼를 들어갔다. 냉장고에서 시원한 캔 커피를 두 개 꺼내고 계산하려니 주인이 없다. '으르릉' 마을버스가 출발하겠다는 울음소리를 내고 내 마음은 다급해졌다. 주인을 애타게 불러봤지만

가게는 늘 비워져 있다는 듯 침묵이다. 기사 아저씨는 어서 오라는 손짓을 하고 있다. 기다려줄 것 같지 않다. 자초지종을 설명하려고 버스에 오르자 기다렸다는 듯이 출발한다. 쥐어져 있는 두 개의 캔커피는 계산되지 않았다. 버스요금을 낼 잔돈은 없다. 생각지도 못하게 좀도둑이 된 거다. 당황스럽다. 기사아저씨는 대수롭지 않게 캔커피 값과 버스요금은 나중에 계산하란다. 이런상황은 상상 조차 못했다.

　　"이 차는 버스가 아니라 가덕도 사람들 개인 자가용 아입니꺼! 일단 탔으면 자가용이다 생각하고 편하게 하이소."

　　첫 인상과 달리 조금은 살갑게 느껴져 아저씨는 내 개인 운전기사냐고 농을 던지려다 백미러로 보이는 기사 아저씨의 얼굴을 보고 입을 닫았다. 여름 햇빛에 그을린 기사아저씨의 얼굴은 여전히 엄하다. 버스 벽면을 보니 황OO 기사님이라고 소개되어 있다.

"황기사님 커피 한잔 하시죠." 그렇게 뜻하지 않게 서리를 하게 된 캔커피는 황기사와 나눠 마시며 서로 인사를 나누게 했다. 커피 값은 기필코 지불하리라! 마음속으로 다짐을 하였다. 버스에 승객이라고는 나뿐이다. 자가용! 그리고 운전기사!

두문마을에서 아주머니 한 분을 태웠다. 마을버스는 장항고개를 지나 가덕해안로를 따라 달린다. 부산 신항만의 펜스가 길게 이어진다.

"거 보소 아주메요~ 오늘은 어디 가능교?" 황기사가 말을 건다.

"여기가 사람들이 꽤나 살았는데 이주마을로 다 가고 몇 안 남았지. 초등학교가 많았는데 젊은 사람들이 다 나가니까 인자는 천가초등학교 한 개만 있다. 그래도 국가에서 지원을 많이 해줘서 학상들이 할 거 다 하제. 참 좋드라."

기사의 물음과는 영 딴소리를 한다. 이방인으로 보이는 나에게 은근슬쩍 이곳 이야기를 해주시는거다. 아주머니는 가덕도에 사람들이 점점 줄어드는 것에 대해 진한 서운함을 숨기지 못한다. 버스의 빈 좌석이 처량하다.

한 명씩 승객이 탄다. 지긋한 어르신들이 대부분이다. 가덕도에 3천여명이 사는데 마치 한 마을 사람들 같이 서로를 알고 인사한다. 황기사는 승객들에게 일일이 인사를 건넨다. 유일한 청년승객이 내린다. 그 승객은 황기사의 인사를 못들은 건지 무심히 내려서 제 갈길 간다. 낚시도구를 들고 탄 어르신 한 분이 호통을 쳤다. 요즘 것들의 됨됨이에 대해 문제를 제기한 것이다. 버스 안 여론이 한 목소리다. 힘이 난 어르신은 이어서 황기사를 칭찬한다. "여기 버스 기사양반은 참 좋다. 인물도 좋고 인사성도 좋은 기라." 신항만 앞에서 실려 오는 수입차들을 볼 때는 "요새 우리나라 차도 잘 나오는데 뭐할

라꼬 자꾸 저래 수입차를 들여오는가 모르겠다." 며 혀를 끌끌 찬다. 승객들의 호응이 좋다. 어르신은 사람의 마음을 낚는 어부가 되었다.

"거 있지예, 여기서 종종 타시는 구십 어르신 있잖습니까? 요새 안보이시
던데 건강은 괜찮으십니꺼?"

"자식들이 와가지고 델꼬 가뿟다.
아직도 정정하든데 나는 그때까지 살아 있을란가 모르겠네."

"무슨 소리 하십니꺼 당연히 정정하셔야지예."

이야기가 자연스레 생로병사를 논한다. 어느 할머니는 돌아가셨고 어
느 할아버지는 요양병원에 계시단다. 결국 우리네 명줄은 하늘에 있다며 오
래 사는 게 무슨 의미가 있냐는 분도 계시다. 나누는 대화가 서글프다.

"어르신들 안 계시면 누가 이 버스 탑니꺼. 오래오래 사시면서 버스도 타
고 낚시해가꼬 고기 많이 잡으면 내도 좀 주시고 해야지예."

황기사가 버스 안이 다 들리도록 크게 말한다. 아직도 한참을 더 갈 듯이
창밖만 쳐다보고 있는 아주머니가 있다.

"아지메 하나로마트에서 내릴껍니꺼?"

"아니예 용원사거리에 볼일 있는데예. 와예?"

"여기가 용원사거린데 안 내리고 뭐합니꺼?"

"오메야 그렇네! 고맙심더."

승객이 내리자 황기사가 무심히 한 마디를 더한다.

"참 나, 멍~ 하니 안 내리고 뭐하노?" 귀신같이 승객의 하차 정거장을
챙기는 황기사와 하차에 무심한 승객을 보고 있자니 웃음이 절로 난다. 1번
마을버스는 편한가보다.

눌차도의 북동쪽 정거마을 앞 바다에 양식장이 널찍하다. 눌차도는 가

주민들은 철 따라 종류대로 고기를 잡고 굴 양식을 한다.

덕도의 또 다른 작은 섬으로 주민들은 철 따라 종류대로 고기를 잡고 굴 양식을 한다. 굴은 따뜻한 연안에서 자라니 눌차도는 최적의 양식장이 된다. 가리비 껍질을 바다에 담가 두기만 하면 굴 유생이 자연적으로 붙어 자라는 양식 과정이 신기하고 재미있다. 이렇게 양식된 굴 유생은 통영, 거제 등의 양식장으로 보내게 된다.

　　버스가 철다리를 건너 눌차입구 정거장에 도착했다. 낚시 어르신이 내리자마자 조개껍질 무더기 위에 자리를 잡았다. 황기사가 외친다.

　　"많이 잡아 가꼬 한 마리 주이소~" 버스는 양식장의 해안길을 따라 들어가 정거마을로 향한다. 정거마을은 벽화마을로 꽤 알려져 있다. 벽화마을로 탈바꿈하면서도 6~70년대의 모습을 그대로 간직하고 있어 소탈하고 정

정거마을에서 잠시 쉬어가는 1번 마을버스

겨운 어촌의 모습과 벽화문화마을이 갖는 밝고 개방적인 모습이 어우러져 있다. 마을 이름은 한자로 머무를 정(停) 클 거(巨)이다. 그래서인지 버스는 정거마을 정류소에서 30분을 머무른다. 덕분에 잠시 내려 벽화마을을 구경할 수 있었다.

 마을 입구에서 그물을 손질하는 노부부는 전어를 잡을 채비중이란다. 자세히 물으니 전어는 한여름부터 늦가을까지 잡는 고기란다. 아마도 가을 전어가 유명한 건 좀 더 살이 올라서일 것이다. 전어 굽는 냄새에 머쓱하게 대문으로 들어선 며느리가 구운 전어를 말없이 입에 넣는 모습을 상상하니 침이 고이고 배가 고프다. 벽화골목 끝에 다다르면 바다가 펼쳐진다. 멀지 않은 건너편에 진우도가 보인다. 근처 장자도와 신우도 등의 모래섬 형제들과 천혜의 생태를 지키는 역할을 수행중이다.

버스가 정거마을에서 나오면서 황기사가 창밖으로 손을 흔든다. 아까 내렸던 낚시 어르신이 열심히 손맛을 보는 중이다. 어르신도 버스를 향해 손을 흔들더니 입질이 왔는지 힘껏 낚싯대를 당겨 보인다. 우리는 기대에 찬 눈빛으로 낚싯줄 끝을 응시했다. 쓰레기가 걸려 올라왔다.


## 천천히 타이소! 추억은 어디 안갑니더~

용원선착장은 반대편 종점이다. 읍내를 대신한다. 승객들 볼일이야 뻔하다. 낚시하러 나섰거나 병원, 약국에 가는 사람들. 작물과 생선을 팔러 나오기도 하고 장을 보기도 한다. 버스는 여기서 10분정도 정차를 한다. 황기사와 버스가 잠시 숨을 고르는 사이 네다섯의 승객들이 이미 버스에 타서 왁자지껄 서로의 안부를 묻는다.

시간이 되자 다시 버스가 으르렁댄다. 그 때 다급히 뛰어오는 아주머니 한 분이 있다. 오십은 한참 넘어 보이는 데 짐 보따리까지 이고 뛰어오는 모습이 전쟁 중에 피난민 마냥 불안하다.

"맨날 우짠다고 그래 뛰능교?"

        "떨가 놓고 갈까 싶어서 쌔가 빠지게 안 뛰었나."

"아지메요 천천히 오소. 오는 거 보고 어디 안 갑니더. 쪼매 빨리 갈라꼬 뛰다가 다칩니더."

대화를 들으니 늘 겪는 일인가보다. 그런데 진짜 문제가 생겼다. 아주머니가 주섬주섬 들고 온 짐을 확인하다가 얼굴이 파래져서 외쳤다.

"아이고 새 신발을 사서 신고는 헌 신발을 벗어놓고 왔다.

내 당장 내리야겠다."

황기사는 제발 헌 신발은 포기하란다. 간곡한 말이 무색하게 아주머니는 무슨 썩을 소리냐며 헌 신발을 결코 포기할 수 없단다. 결국 버스에서 황급히 내린다. 그런데 헌 신발보다 더 가치 있어 보이는 짐 보따리는 마을버스에 그대로 놔둔 채이다. 정신없는 통에 이번에는 짐을 놓고 가나보다 싶었더니 아주머니 왈 "짐은 그냥 싣고 가뿌라. 내 기다리지 말고요~" 그렇게 커다란 짐 보따리 두어 개는 주인 없이 버스 한 자리를 차지했다. 1번 마을버스는 주민들의 자가용이 틀림없다.

대항으로 돌아가는 길 해안가 곳곳에는 꽤나 많은 사람이 낚시를 하고 있다. 할머니 한 분이 추억을 더듬는다.

"옛날에는 우리 영감이 물에다가 낚시를 던지면 족족 고기가 올라오드라. 고기가 억수로 많았는데 요새는 고기가 없다."

할머니가 추억하는 곳은 '두문(斗文)마을' 이다. 옛날에는 마을 앞바다에서 생선이 그렇게도 많이 잡혔단다. 한 마리씩 헤아리기 힘들어 말(斗)로 팔아넘기니 두문이라 했다. 신항만 개발공사는 바다의 물길을 바꾸어놓았다. 생태계의 변화가 생겼다. 어업을 하는 어민들도 변화에 적응해야 했다.

현대 그리고 미래 경제의 일면을 보여주는 거대한 물류산업현장. 부산 신항만의 끝없는 컨테이너와 중장비 골리앗의 위용에 어촌 포구가 위축되어 보인다. 여전히 제 할 일을 하는 가덕 어민의 삶은 늙은 아버지의 굽고 좁아진 어깨다. 선창선착장은 이질적인 두 풍경을 한 눈에 담아 보여준다. 잠시 묘한 어울림이 스치듯 마음을 치고 짭조름한 바닷바람이 이곳에서 저곳으로 불어간다.

십여 년 전만 해도 선창에는 거제도로 가는 여객선이 있었다. 부산에서 거제도를 가는 빠르고 편리한, 덤으로 낭만까지 더해진 교통수단이었다.

많은 차와 사람을 실어 날랐다. 거가대교가 놓이면서 거제도 행 여객선은 자취를 감추었다. 예전에 여객선을 운행했다는 선장이 마을버스를 종종 탄다는 황기사의 말에 내심 기대를 했지만 볼 수 없었다.

나에게는 거제도에 사는 누나가 있다. 그 시절 누나를 보러 가는 길은 네버랜드로 가는 여행과도 같았다. 선창선착장에서 손에 쥔 예매표를 꼼지락거리며 배가 뜨는 시간을 기다린다. 조그만 카페도 있어 커피를 마시며 바다 쪽 풍경을 즐겼다. 널따랗게 바다를 차지한 양식장에 통통배가 여기저기 손질하러 다닌다.

초저녁의 배가 출항을 한다. 바다를 붉게 물들이는 낙조가 사람들을 갑판으로 불러낸다. 갈매기는 사람들에게 새우깡을 얻어먹느라 선미를 따라 열심히 비행한다. 용케 잘도 받아먹는다. 운 좋은 날에는 배 주위에 상괭이가 함께 헤엄치기도 한다. 과자가 바다로 떨어지면 상괭이와 갈매기가 경쟁한다. 그러다 어느새 어둠이 짙게 깔리면 바다가 보여주는 또 다른 이벤트가 펼쳐진다. 배는 앞으로 나아가며 바다에 물보라를 일으켜 무늬를 그려낸다. 그러면 바다는 마법의 캔버스가 되어 이 세상 것이 아닌듯한 영롱하고 아름다운 빛으로 무늬를 돋보이게 한다. 배가 일으키는 물보라는 형광빛으로 반짝인다. 동화 속 인어와 요정이 나타나도 이상하지 않을 것 같다. 쉽게 보기 힘든 진귀한 광경. 형광 물보라! 나중에 알았다. 발광성질을 지닌 식물성 플랑크톤이 자극을 받아 생기는 '씨 스파클(sea sparkle)'이라는 현상이라는 걸. 거제도행 여객선에서 보았던 이런 황홀한 광경은 아쉽지만 이제는 없다. 기억이 꿈결처럼 아스라이 남아 있을 뿐! 추억장에 또렷한 한 페이지가 되었다.

역사의 흔적

대항선착장으로 가는 길에 버스는 천성을 들른다. 그곳에는 천성진성이 있어 둘러보기로 했다. 황기사와 짧은 인사를 하고 버스에서 내렸다. 앞바다는 천성항 공사가 한창이다. 뜨거운 햇살은 여전하다. 음료를 마실 생각에 근처 마트를 들렀다. 주인은 선대부터 천성에서 살아온 토박이란다. 이곳 주민들의 삶은 어떨까? 마트 주인은 선착장을 가리키며 어업을 하는 사람들의 수가 많이 줄고 대신 신항만으로 직장을 얻거나 공공근로사업들을 한단다. 증명이라도 하듯 뭍으로 올라와 민망히 배 바닥을 드러내고 있는 어선들이 있다.

가덕도에는 역사의 흔적이 곳곳에서 발견된다. 남쪽으로 삐죽이 튀어나온 섬의 형세 덕분인지 근대 이전부터 왜구로부터 괴롭힘을 당해왔다. 그래서 오히려 천혜의 환경을 활용해 수군의 중요한 방어요새가 되었다. 천성진성이 바로 그러한 요새였다.

마을 뒤편 밭들 사이에 성터의 흔적이 보인다. 비교적 성벽이라 해도 좋을만한 돌무더기에 가까이 가니 기념비가 있다. 성 둘레가 960m라고 하나 전문적인 시선이 아니면 알아보기 어렵다. 성 터 주위로 밭들이 빼곡하고 특별한 복원은 없어 보인다. 조선 중기의 진성(鎭城)으로 소중한 유산이 될 텐데 관리와 복원에 대해 아쉬움이 남는다. 서중마을 비문을 보자.

'1544년(중종39년) 사량진에 왜구가 침범하자 천성진성을 구축하여 가덕도 서쪽바다를 지켰으며 임진왜란 때는 안골포해전 옥포해전의 요충지. 1592년 부산포 해전 시 이순신장군이 전략을 수립한 작전지역이었던 곳으로 .....'

대항선착장으로 가기 위해 다시 1번 마을버스를 탔다. 정확하게 요금

천성진성기념비

대항마을의 인공동굴

까꼬막을
오르다
이바구를
만나다

을 지불하였다. 봄이면 대항은 숭어풍년이었다. 하지만 지금은 '육소장망 숭어들이' 라고 하는 전통 어로법도 보존해야 할 처지가 되었다. 여섯 척의 어선이 그물 하나를 바다 가운데 깔아둔 채 빙 둘러서 기다린다. 연대봉의 망루에는 망쟁이(망수 또는 어로장)가 물 빛깔과 물속 숭어 떼의 그림자의 움직임을 보면서 그물에 들어간 숭어떼를 확인한다. 그러곤 "후려라" 하고 외치면 여섯 척의 배에서 한꺼번에 그물을 끌어 올려 숭어를 잡는다. 이 육소장망 어법은 2000년부터 '가덕도 대항 숭어들이축제' 라는 이름으로 지역민속축제로 지정되었다. 축제 때 '후릿그물체험' 은 관광객들이 직접 체험하는 프로그램이다.

대항은 포구가 두 군데로 나누어진다. 마을버스가 다니는 언덕을 사이에 두고 서쪽은 대항마을이고 동쪽은 대항 새바지마을이라 부르며 구분한다. 새바지는 샛바람(동풍)을 받는다는 뜻이다. 대항 새바지의 등대 오른쪽을 따라 시선을 옮기면 암벽언덕 밑으로 동굴이 보인다. 일제 강점기에 일본군이 미군의 해안상륙에 대비하여 판 인공동굴이다. 최근까지 동굴은 마을 주민들에게는 어구 등의 물품 보관 장소로 사용되었다. 최근에 동굴 입구에 데크를 설치하고 안은 조명을 켜 찾는 사람들을 위한 정비를 하였다. 동굴은 세 개 인가했더니 세 개의 입구가 반대편 하나의 출입구로 연결되는 3연동굴이다. 가장 큰 중간 입구에는 동네 아주머니 세 분이 자리를 깔고 편한 자세로 누워 이바구 중이다. 일손을 잠시 놓고 가장 더운 시간에 한량(寒涼)한 동굴로 잠시 피서를 온 게다. 사람도 드물고 입구는 세 개나 되니 동굴을 드나들고 구경하는데 방해될 건 없다. 아주머니들에게 인공동굴에 대해 몇 가지 확인 차 말을 걸었다.

"아주머니, 이 동굴이 인공동굴이 맞죠?"

"이거? 인공동굴 아이다. 일본 놈들이 옛날에 만든거라카든데."

"아, 네. 그러니까 일제강점기 때 일본군이 만든 인공동굴이네요."

"아니라카이, 이 양반 답답하네.

이거는 인공동굴이 아니고 일본 놈들 동굴이었다니깐!"

"아, 넵..." 아주머니들은 일제강점기 때의 동굴임을 확인 해주었지만 인공동굴에 대한 서로 다른 견해로 인해 서둘러 대화를 끝냈다. 동굴 안은 무척 시원하다. 가덕도 인공동굴 10여 곳은 대부분 지형 상 접근이 어려워 당시 모습이 잘 보존되어 있다.

새바지고개를 넘으면 외양포가 있다. 마을 뒷산은 일본군 포진지가 비교적 잘 보존되고 있다. 숲으로 은폐된 포진지에는 포좌자리와 탄약고, 내무반자리, 야외화장실까지 남아 있다.

1904년 2월 러·일전쟁이 발발하자 일본은 거제도의 부속섬 지심도와 가덕도 외양포에 포진지를 구축하며 대비하였다. 조선이 일본의 식민지임을 확실히 해두기 위해 일본은 러·일전쟁을 꼭 이겨야 했다. 러시아는 당시 세계 최강의 발틱 함대를 가지고 있었다. 이순신 장군을 존경했다는 '도고 헤이하치

까꼬막을
오르다
이바구를
만나다

로' 제독은 학익진과 비슷한 T전술로 발틱 함대를 상대하였다. 결과는 대승이었다. 그리고 조선의 역사는...

외양포 마을 너머 남쪽끝으로 대한제국 말기인 1909년에 건립된 가덕도등대가 있다. 일본의 외압으로 만들어졌던 시대적 상황을 함축하고 있어 가치가 적지 않다. 2003년에는 유형문화재로 지정되었다.

외양포 마을은 시간이 멈추었다. 한 세기를 잃어버린 듯하다. 드물게 보이는 집 몇 채는 일제 강점기에 지어진 적산가옥 그대로이다. 현재 주민들이 살고 있지만 군사보호시설이라 개·보수를 함부로 할 수 없었다고 한다.

이 곳 주민들에게는 근현대를 아우르는 고달픔이 있다.

작은 포구와 드문 인적으로 조용하다 못해 적막하다. 하지만 검붉은 가옥들과 말라버린 일본군의 우물, 그리고 포진지가 시공을 초월하여 귀를 기울이게 한다. 외양포가 들려주는 근대사 이야기는 한숨처럼 토해져 쉼 없이 들려온다.

이순신 장군이 왜구에게서 나라를 지키고자 전략을 수립하던 가덕도. 4백여 년이 지나고 태평양을 향한 탐욕스런 야망을 발하던 일본의 해군기지가 되었다는 것이 믿기지 않는

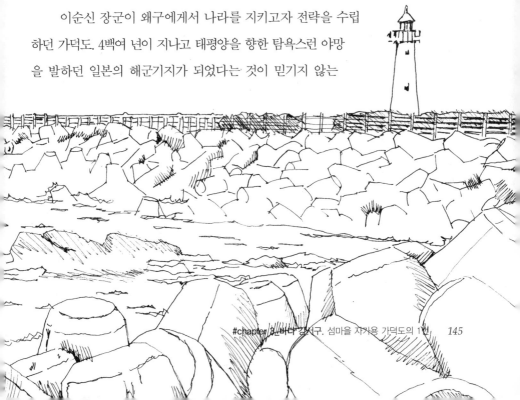

다. 우리의 근대사에 상처로 남은 일제강점기는 가덕도를 후벼 파고 두들겨 곳곳에 흉터가 되었다. 외양포는 여전히 아물지 않은 상처를 보여준다. 근대사의 아픔이 너울지며 가덕도를 덮는다.

대항선착장의 동네슈퍼를 다시 찾았다. 다행히 주인 아주머니가 있다. 아빠의 심부름으로 어린 자매 둘이 청개비를 사고 있다. 사정을 설명하며 아주머니에게 캔커피 값을 지불하자 고맙다며 시원한 박카스를 쥐어 준다. 사양하려고 했지만 쥐어주는 팔 힘에 실랑이 하지 않겠다는 아주머니의 의지가 있다. 머쓱했지만 기분은 좋다.

"감사합니다. 자~알 마시겠습니다."

버스 요금은 결국 내지 못했다. 언젠가 황기사의 버스를 다시 찾아 직접 내고 싶다.

1번 마을버스는 가덕도와 이곳 사람들의 이야기를 매일 실어 나르니까!

1번 마을버스가 정거장에 천천히 선다. 할머니 한 분이 조심히 내린다. 기사 아저씨의 인사가 황기사 만큼이나 살갑다. 그리고 1번 마을버스는 승객이 없다. 할머니의 자가용이다.

**강성** 소설가

–

부산에서 태어났다.

학창시절을 줄곧 부산에서 보냈고 서른 무렵에 국문학을 전공했지만,

졸업 후 문학과는 동떨어진 삶을 살았다. 그 후 십여 년을 부산을 떠나 있었고,

오 년 전 고향으로 돌아와 투고한 소설이 당선됐다.

소설을 쓰다 보면 종종 환히 웃고 있는 나를 발견한다. 이 맛에 소설 쓰기를 멈출 수 없다.

## 기장. 여기는 기장이다

**강성** 소설가

일출 버스 여행섬마을 자가용 아입니꺼!

박명의 거리, 기장로 교회 앞 마을버스 차고지에 첫 운행에 나서는 3번 마을버스가 헤드라이트를 켰다. 오전 5시에 출근한 차성교통 막내 운전기사는 회사에서 음주측정을 받고 졸음을 쫓으려 커피 한 잔을 마신 뒤 운전석에 앉았다. 오전 5시 15분, 차량 뒤쪽에 정비사의 안내를 받으며 후진한 3번 마을버스가 차고지에서 빠져나와 적막한 도로에 들어섰다. 인근 주택가의 창들은 아직 불을 밝히기 전이었고 교회의 십자가 붉은 네온사인은 옅은 어둠에 걸려있었다. 첫차를 모는 20대 젊은 운전기사는 첫 번째 정류장 기장전화국으로 향했다. 기장 3번 마을버스는 부산광역시 기장전화국에서 울산광역시 울주군 서생농협을 왕복한다.

서생농협 정류장에서는 울산 도심까지 오가는 405번과 715번 시내버스를 갈아탈 수 있는데, 3번 마을버스는 부산과 울산을 연결하는 시외버스 역할도 하는 셈이다. 막내 기사는 기장전화국 정류장에 승객이 한 명도 없는 걸 확인하고 다음 정류장으로 버스를 몰았다. 텅 빈 25인승 버스 안 분위기는 새벽공기처럼 서늘했다. 기장시장과 기장중학교 앞에서 승객을 한 명씩 태운 3번 마을버스는 기장 시내를 관통해 기장체육관 앞에서 좌회전한 뒤 기장대로를 잠시 달리다 편도 2차선의 일광로로 빠져나왔다. 3번 마을버스는 햇빛이 머무는 동네 일광으로 향하고 있었다.

나는 서울에 사는 사람을 만나면 종종 듣는 소리가 있다.

"바닷가에 살아서 좋겠어요."

그 순간에야 나는 깨닫는다.

'맞아! 내가 바닷가에 살고 있었어.'

그제야 나는 아주 여유로운 얼굴로 그 사람을 쳐다본다. 그리고는 머릿속에 부산의 해안선을 떠올리고 이곳이 고향이 된 행운을 온몸으로 느끼며 안도한다.

까꼬막을
오르다
이바구를
만나다

사실 부산의 빌딩 숲 너머에는 바다가 지척이지만 도시의 일상에 매몰되어 살다 보면 내가 바닷가에 기거하고 있다는 걸 잊고 살 때가 많다. 갑갑한 콘크리트 건물 아래에서 지내다 보면 서울이나 부산에서의 삶이 별다를 게 없다. 그러니 일상에서 탈출을 모색하는 것은 부산사람이나 서울사람이나 매한가지다. 다만 우리의 몸 가까이에 본능을 달랠 실체가 확고히 존재한다는 것은 심적으로 큰 안정감을 준다.

우리는 왜 바다라는 한 마디에 무장해제 되는 것이며 나는 왜 바다와 인접한 육지에 태어난 것에 고마워할까? 오랜 시간 뒤, 나는 이 의문을 여러 대도시를 전전하고 난 뒤에야 알았다. 그리고 그 친구의 말 속에 '실은 나 조금 지쳤어.' 라는 뜻이 담겨있다는 걸 알게 되었다.

도시에서 보통 사람들의 삶이란 뻔하다. 빌딩 숲속을 쳇바퀴 돌 듯 분주히 오가면 서서히 방전된다. 그런데, 시시때때로 바다를 떠올릴 수 있는 사람은 스트레스에 대응할 수 있다. 그 사람의 내면에는 규칙적인 조석 현상이 일어나고 있기 때문이다. 찰싹찰싹, 밀물과 썰물은 지구와 달과 태양의 관계에서 벌어지는 은밀한 운동이 아니다.

저 시원으로부터 파생된 억겁의 작용이고 그 파장은 우리에게 향수를 불러일으킨다. 바로 모성의 발원지로부터. 그 발원지의 주소가 우리의 DNA에 아로새겨져 있다. 우리가 지쳤을 때 바다를 보면 마음이 안정되는 것은 그 모성으로부터 자연치유가 되기 때문이다.

여름철에 3번 마을버스 첫차를 타면 일출을 만나게 된다. 버스가 일광에서 임랑까지 편도 1차선의 좁은 해안도로를 달리다 보면 집어등을 켜고 조업하는 수평선 너머로 붉은 기운이 점차 하늘을 물들인다. 임랑을 지날 때쯤에는 빛이 무지개색 스펙트럼을 연출하며 기장의 푸른 바다가 드러난다.

부산의 도심에서 보는 파랑보다 더 짙은 파랑이 가슴속으로 물결쳐온다. 날이 좋으면 태양이 빚어내는 울트라 마린 블루 빛깔도 관찰할 수 있다.

나는 문득 이런 해안도로를 매일 드라이브하는 막내 기사가 부러워, "다른 노선보다 3번 버스를 몰면 매일 바다를 볼 수 있어 좋겠네요?" 라고 물었더니, 막내 기사는 쓴웃음을 지으며 "글쎄요…." 라며 대답을 마저 하지 않았다.

나는 다시 바다를 내다보는데 어째 미안함이 밀려왔다. 막내 기사의 노고를 살피지 못한 성급함 때문이었다. 그러고 보니 기장 시내에서 장바구니를 들고 버스에 탄 할머니와 50대 중년 남자는 버스 왼편에 앉아 무표정한 얼굴이고 일광역 앞에서 누런 작업복에 가방을 메고 탄 남자 세 명은 뒷자리에서 꾸벅꾸벅 졸고 있었다. 모두 피곤한 기색이었다.


가마골 소극장

기장은 삼한시대 갑화양곡(甲火良谷)현으로 불리다 신라 경덕왕 때 기장으로 명명되면서 지명이 굳어졌다. 고려시대에는 차성(車城)으로 불리기도 했다. 기장(機張)이란 명칭은 기장읍의 소재지가 있던 일광산을 배산으로 하여 베틀을 차린 형국이라 지었다는 전설이 있다. 기장군은 여러 시대를 거치면서 동래군, 울주군, 양산군에 속했다가 1995년 부산에 편입되었다. 흔히 동부산이라고 하면 해운대 지역을 일컬었으나 이제는 기장군까지 포함한다. 하지만 기장사람들은 이 땅을 동부산보다 계속 기장으로 불리길 원한다.

갯마을에 소극장이 들어섰다. 오영수 단편소설 '갯마을'의 배경이기도 한 일광에 연극인 이윤택이 6층짜리 새 건물을 올렸다. 이제 문화계 블랙리스트 1호라는 호칭이 붙은 이윤택은 1986년 부산일보 기자직을 그만두고 퇴직금

660만 원으로 부산 중앙동에 가마골 소극장을 열었다. 그 후 광안리, 거제 동으로 옮겨 다니다 2012년에 문을 닫았다. 그러다 2017년 7월 일광에 재개관을 하게 된 것이다. 건물 공사는 순조롭지 않았다.

터파기 공사를 하는데 갯벌이라 지반이 약해 지하 암반에 철제빔 50여 개를 박아 보강하느라 공사비가 대폭 늘어났다. 게다가 2016년에는 5층 콘크리트 타설 시 경주에서 발생한 지진으로 보수 공사를 하면서 완공일이 지연되었다.

가마골 소극장은 2017년 7월에야 재개관하게 되었다. 가마골 소극장에서 상주극단으로 활동하는 연희단거리패의 조인곤 공동대표는 요즘 연신 싱글벙글한 얼굴이다. 비록 많은 대출을 받아 지은 건물이지만 연희단 거리패 배우들은 내 집 장만을 한 것처럼 행복하다. 마침 가마골 소극장에서 열

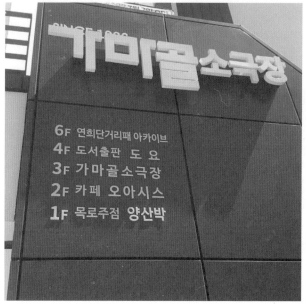

가마골 소극장은 2017년 7월에야 재개관하게 되었다.

린 수요예술공감 행사에 참석한 연희단거리패 출신 배우 오달수와의 뒤풀이 자리에서 후배인 조인곤 대표가 건물 공사를 하면서 벌어진 일화를 늘어놓았다.

"선배, 이 건물 우리가 다 지었어요."

"진짜? 공구리라도 했나?"

단원들이 웬만한 일은 손수 하는 편이지만 건설 노동자도 아닌데 직접 6층 건물을 올렸다고 하니 오달수가 쉽게 믿기지 않는 눈치였다.

"네, 진짜요. 페인트칠하고 조명, 인테리어 전부 우리 손으로 다 했어요."

조인곤 대표의 말은 허풍이 아니다. 실제 기초 공사를 할 때부터 극단에 있는 배우 다수가 노동에 참여했기 때문이다. 심지어 완공 후 소방안전 관리도 배우 한 명이 소방안전관리자 시험을 친 후 자격증을 취득해 건물 관리까지 맡고 있다. 그러니 선배 오달수 앞에서 자랑할 만도 했다.

가마골 소극장 외벽 귀퉁이에는 그때 공사에 참여한 스무여 명의 단원 이름이 새겨져 있다고 한다. 이 건물 3층에서 연극공연을 하고, 1층에는 목로주점 '양산박'이, 2층에는 1970년대 클래식 다방을 재현한 '카페 오아시아'와 북 카페 '책 굽는 가마'가 문을 열어놓고 있다. 이곳에 가면 배우들의 열연과 함께 손맛도 함께 느낄 수 있다. 동부산농협 정류장에 내려 일광천 쪽으로 200여 미터 걸으면 된다.


제3의 불

마을버스가 월내 시장을 지나면 고리의 핵발전소 돔 건물 네 기가 뚜렷이 보인다. 고리 봉대산 능선에는 해안의 발전소에서 시작된 거대한 송전탑이 산 능선을 따라 이어진다. 고리라는 지명은 옛 마을이라는 뜻이 아니고 큰골(大谷)이라는 뜻이 담겨있다. 예전에는 아이포(阿爾浦), 화사을포(火士乙浦), 화포(火浦)라 불렸는데, 아이포는 작은 포구라는 뜻이고 화사을포는 '불을 사르다' 와 '갯가' 가 합쳐져 생긴 말이다. 불과 연관된 이곳에 핵발전소가 들어선 그 우연성이 기이하기만 하다.

부산시 경계를 넘은 3번 마을버스가 신고리원전교차로 앞에 이르자 교차로 주변에는 새 원전 건설을 두고 찬성하는 측과 반대하는 측의 문구가 담긴 현수막들이 너울거렸다. 막내 기사는 버스 룸미러를 힐끗 쳐다보더니 뒷좌석 작업복 복장을 한 남자들에게 물었다.

"아저씨, 내릴 거지요?"

남자들이 고개를 끄덕이자 막내 기사는 갑자기 교차로에서 우회전해 3번 버스 노선에서 이탈했다. 막내 기사는 500여 미터를 직진해 새울원자력 본부 출입문 앞에까지 노동자들을 데려다줬다.

"수고~."

3번 마을버스를 운행한 지 6개월쯤 된 막내 기사는 이제 자주 타는 승객의 승·하차지는 기억한다. 3번 마을버스를 이용하는 어촌마을의 승객들도 이따금 기사에게 음료수며 간식들을 건넨다. 3번 마을버스 안에는 아직 인간의 잔정이 남아 있었다. 마을버스는 노선에 재진입해 신리마을로 들어갔다.

신리마을 우측에 대형 크레인이 보였다. 현재 신고리 5, 6호기 건설 공사가 중단되어 크레인은 멈춰 서 있었다. 고리 원전이 내다보이는 문동마을 안쪽에는 지정크(G.junk) 김후철 대표의 작업장이 있다. 김 대표는 자동차 폐부품을 수집해 영화나 만화 속 캐릭터들을 만들어 부산 광안리 갤러리에서 전시하고 있다. (현재 관람료는 받지 않고 있다. 문동리 작업장 앞마당에도 3~4미터에 이르는 로봇 십 여기가 서 있다.)

정크아트는 폐품이나 쓰레기 잡동사니를 활용해 만든 미술작품을 일 컫는다. 김 대표는 자신의 아이가 기뻐하는 것을 보고 정크아트에 본격적으로 뛰어들었다고 한다.

연탄을 때면 재가 남는 것은 불변이다. 그 검은 에너지는 우리에게 뜨 듯한 아랫목을 만들어주고 하얀 재로 변한다. 원전에서 에너지를 생산하는 데 사용하는 우라늄도 마찬가지다. 연탄재처럼 핵폐기물이 남는다. 연탄재는 빙판길에 뿌려 미끄럼을 방지한다든지 농사에도 활용할 수 있고, 성난 사람 이 발길질하면 화라도 좀 풀리지만 핵폐기물은 그럴 수 없다.

경주에는 방사성폐기물 처분장이 있다. 지하 100미터까지 동굴을 파 서 그곳에 방사능오염물질을 저장한다. 그리고 최소 10만 년 이상 안전하게 관리해야 방사능이 자연계에서 격리될 수 있다. 나는 10만 년이라는 시간이 가늠이 안 된다.

울산 반구대 암각화는 신석기 시대에 그려진 것으로 추정한다. 바위에 그려진 고래나 개, 사슴, 토끼 등과 어부와 사냥꾼들의 모습이 나타나 있다.

1만 년 전 인간의 찬란한 문명이 기지개를 켜던 시기 주술 및 제의를 지내던 장소로 보고 있다. 호모 사피엔스가 아프리카에서 지구 곳곳으로 퍼 져 나가기 시작한 때가 4~5만 년 전으로 보는데, 내게 10만 년이라는 시간 은 백악기 공룡들이 살던 시기만큼이나 아득하고 먼 때이다.

그 방대한 시간 동안 현 인류가 생존해 방폐장을 관리할 수 있을까? 10 만 년 뒤, 이 지구에 지적 생명체가 존재한다면 경주 방폐장을 보고 무슨 생 각이 들까? 반구대 암각화처럼 낭만적 상상력을 기대하기는 어려울 것 같다.

우리는 당장 북한의 무력도발에는 긴장한다. 66년 전 겪었던 전쟁의 참 화를 잘 알고 있기 때문이다. 그래서 한반도에 전쟁을 억제하고 평화를 유지하려 노력한다. 하지만 피폭의 위험은 전쟁만큼이나 큰 재앙을 초래하는데도 심각하게 보지 않는 경향이 있다.

요즘 문동마을에는 토요일마다 젊은이들이 나타난다. 문동 해녀복지회관에서 열리는 해녀 문화체험프로그램에 참가하기 위해서이다. 교육에 나서는 문동어촌계 임덕이(71) 해녀 회장은 물질을 가르치며 젊은이들이 마을로 다시 돌아와 함께 살길 바란다. 나는 문동방파제 너머 고리 원전을 바라보며 임덕이 할머니의 소원대로 이 마을에 아이들이 자유롭게 뛰노는 모습을 상상해봤다.

3번 마을버스 운전기사는 두 명씩 4개 조로 하루 2교대 근무한다.

막내 기사와 짝지인 60대 대빵 기사는 오랫동안 시내버스를 운전하다 6년 전 차성교통에 들어왔다. 대빵 기사는 3번 노선 운전기사 중에 나이가 제일 많고 운전경력도 가장 오래되었다. 막내 기사는 마을버스보다 대우가 좋은 시내버스 회사로 이직하고 싶어 하는데, 대빵 기사가 밀려 나온 그곳에 가려면 무사고 경력증명서가 필요하다. 대빵 기사는 예전에 비해 젊은 고학력자가 많이 들어오는 걸 보고 안타까워한다. 심각한 취업난을 체감해서다. 당장 밥벌이가 시급한 그들에게 용기를 내어 먼 미래를 설계하라는 조언을 할 수 없다고 한다. 대빵 기사는 하나 마나 한 주제넘은 소리라고 했다.

06시 50분, 첫 운행을 나갔던 막내 기사가 기장 차고지에 돌아와 인근 기사 식당으로 서둘러 발걸음 했다. 막내 기사는 오늘 아침 메뉴로 나온 콩나물국에 밥을 말아 김치와 소시지를 집어 제대로 씹지도 않고 마시듯 목구멍으로 넘겼다. 그리고 7시 20분, 두 번째 운행에 나섰다.

**김정화** 수필가

—
국문학을 전공했고 수필을 쓰고 있다.
문학평론으로 광남일보 신춘문예에 이름을 올렸으며,
월간 ≪문학도시≫ 편집장을 지냈다. ≪하얀 낙타≫, ≪가자미≫ 등 네 권의 수필집을 냈으며,
요즈음은 영화에 푹 빠져 생각의 경계를 넘나드는 중이다.

# 남구. 오륙도행 2-1번 마을버스를 타고

**김정화** 수필가

## 오륙도행 2-1번 마을버스를 타고

달린다. 바다를 향해 마을버스가 달린다. 느닷없이 오륙도 바다가 그리운 날이면 마을버스를 타야 한다. 지하철 경성대·부경대역에서 마을버스를 기다려 보라. 정시에 딱딱 맞춰 서는 직행버스나 에어컨 빵빵한 노선버스를 미련 없이 떠나보내고 미터기 소리가 심장 박동을 뛰게 하는 친절 택시도 사양해야 한다. 진정한 바다를 만나려면 종점으로 가는 용호동행 2-1번 마을버스를 타 볼 일이다. 팍팍한 도심에 지친 당신을 백운포 고갯길을 거쳐 파도소리 저미는 오륙도 선착장까지 어느새 데려다줄 테니까.

대학가를 비집고 선 조그만 표지판 하나. 부경대역 마을버스 정류소. 흔한 나무 벤치도 없고 유리문 담장이나 번쩍이는 전광판도 보이지 않는다. 오직 낡은 표지판 기둥만이 세월의 뿌리를 내리고 섰다. 부대끼는 긴 줄을 서지 않아도 되니 버스를 기다리는 동안 푸른 하늘을 올려보거나 지나는 바람 소리에 귀를 기울여도 좋다. 그럴 때면 가로수길 은행나무 우듬지가 조용히 그늘을 내려줄 테니까. 기다림도 풍경이 되는 이곳에서 우리는 길을 내고 시간을 저장하고 기억을 어루만진다.

멀리 회차점을 돌아 나오는 2-1번 마을버스. 참외 봉지를 안고 교통 카드를 찍는 중년 부인의 미소가 넉넉하다. 휴일 오후의 첫 승객 두 명을 태우고 부경대 정문을 지나 운전면허시험장을 통과하여 용호동행 곡선의 길을 달린다. 밭은기침을 하며 낚싯대를 들고 오르는 노인의 등도 둥글고, 젊은 엄마 품에 안긴 아기의 풋뺨에도 동그란 홍조가 물들었다. 평소 지하철에서 거슬리던 부인의 목청 큰 전화 소리와 낚시꾼의 뜰채에서 풍기는 비릿한 생선 내음과 끊어질 듯 이어지는 아이 울음소리도 마을버스 안에서는 모두 정겨운 안부가 된다.

오륙도로 가는 마을버스는 좁은 골목길이나 비탈 마을은 돌지 않는다. 대신 구불구불한 엘지메트로시티 아파트 단지를 한 바퀴 휘돈다. 그 까닭에 슬레이트 지붕의 푸른 물탱크와 담장 너머로 보이는 빈집의 툇마루는 만나지 못하지만, 차창 너머 자전거도로에 널브러진 까만 버찌씨와 오수에서 깨어난 길고양이와도 눈맞춤할 수 있다. 운이 좋은 날은 단지 내 유치원 앞에서 하얀 이를 드러내며 야무지게 팔을 흔드는 아이들의 손마중도 받게 된다.

버스가 분포고등학교 담장을 지난다. 예전에 검은 개흙밭 염전이 있던 곳이다. 당시 물소금 동이[盆]가 포구에 많아서 분포마을 또는 분개마을이라고 불리었다. 그러나 분깨소금을 내던 개펄에 흙이 더해지면서 바다가 땅이 되고 배들의 정박지에 고층 아파트와 신식학교가 들어섰다. 이제 사람들은 갯골 속에 묻힌 소금밭을 그리워하지 않는다. 오직 '분포' 라는 이름자만이 소금꽃 흔적처럼 학교 외벽에 남아 있을 뿐.

## 섶자리를 지나 용호네거리를 향해

다행히 옛터에 남은 작은 포구 하나. 그 섶자리에 가려면 이곳 학교에서 내려야 한다. '섶'이 있던 자리가 지명이 된 곳. 바다풀인 잘피가 군락지를 이룬 곳이라고도 하고 홍합을 뜻하는 섶이 많아 섶자리가 되었다고도 한다. 바다와 육지가 몸을 섞는 곳. 고둥과 쑥이 살았고 함초와 칠면초가 번식했던 곳이다. 하오의 포구에는 닻을 내린 빈배들만 어깨를 부딪고 섰다. 고향에 남은 선주들은 아직도 저 배를 타고 새벽바다에 나가 그물을 던질 터이다. 외지인들이 와서 꼼장어를 먹고, 조개구이를 먹고, 자연산 회를 먹는 곳, 그리고 서둘러 떠나는 곳이다. 그들은 이 어수선한 선창을 눈여겨보지 않는다. 달이 뜰 때의 이곳 풍경을 알기나 할까. 하늘에 하나, 바다에 하나. 두 개의 달이 뜨고 또 두 개의 달이 지는 비경의 포구를.

집으로 가는 길

이기대 입구에서 버스가 멈춘다. 이기대 해안길을 가는 방법은 크게 두 가지. 여기에서 내려 이기대 산길을 걷거나 동생말 해안을 따라 나무데크길을 가는 방법과 백운포 고갯길에서 장자산 쪽으로 가는 길이다. 어느 쪽으로든 상관없다. 어차피 시작과 끝은 이어져 있으니까. 그래서인지 2-1번 마을버스는 노선도 두 개다. 경성대·부경대 입구에서 15분 간격으로 순환하는 오륙도 선착장행과 주말에만 하루 여섯 번 운행하는 이기대행 단독 노선이다.

"어디까지 가능교?"

낚시꾼 노인이 배낭을 멘 청년에게 말을 건넨다. 빈자리를 두고도 노선 안내도만 뚫어지라 쳐다보는 여행객이 안쓰러운 모양이다. 버스 안은 일순 조용해진다. 청년은 대답 대신 스마트폰의 구글 지도를 확대하여 공손히 내민다.

"끝까지 가면 돼."

지도를 한참 들여다보던 노인이 답을 던지자 청년의 얼굴에 순한 웃음이 번진다. 아마도 스카이워크나 오륙도를 가는 모양이다. '끝까지 가면 된다'는 말이 가슴에 박혀온다. 우리는 얼마나 도중하차한 것이 많은가. 그래, 무엇이든 끝까지 밀고가야 하리. 마을버스를 타도 종점까지 가봐야 할 것. 끝이란 다시 시작하는 지점이니까.

스카이워크가 생기고부터 부쩍 여행객이 늘었다. 인사를 하는 청년의 우리말 발음이 왠지 어색하다. 아니나 다를까. 일본에서 혼자 배낭여행을 왔단다. 잠자코 운전을 하던 기사가 한마디 거든다.

"요즘에는 외국인도 많이 타요."

말문이 트인 버스 안에 생기가 돈다. 초행길의 승객은 막차 시간을 묻고, 일 년 남짓 운전대를 잡았다는 젊은 기사는 에피소드를 쏟아낸다. 채소가 든 장바구니나 먹거리 봉지를 두고 내리는 손님도 있지만, 밤새 낚은 물고기 통을 그대로 둔 황당한 경우도 있었단다.

2-1번 마을버스만큼 다양한 손님이 있을까. 외국 손님을 포함하여 중·고등학교를 오가는 학생들, 용호시장에 가려는 알뜰 주부, 숨비소리를 머금은 해녀 할머니, 갯바위 낚시를 떠나는 낚시꾼, 그리고 철 따라 끊이지 않는 등산객과 갈맷길과 해파랑길을 향하는 도보 여행자, 해안가 부대의 군인들과 면회 가족들, 섶자리와 백운포 횟집을 찾는 미식가들…. 어찌 그들뿐이겠는가. 아파트단지에 밀려 터를 옮겨야 했던 한센병 환자들의 눈물 어린 고향 방문도 있었을 터.

버스는 용호네거리를 향한다. 용호동에서 가장 번잡한 곳이다. 골목식당과 오래된 술집과 생필품 가게들이 즐비하다. 네거리를 중심으로 재래시장들이 펼쳐져 있다. 보리밥과 빈대떡도 있고 양푼이국수와 수구레국밥도 미각을 돋운다. 그러니 인기 블로그의 맛집만 고집하지 말고 이쯤에서 내려 시장음식을 맛볼 일이다. 후식으로 서울 손님도 찾는 할매빙수를 먹거나 맷돌에 내린 콩국물을 들이킨다면 결코 잊히지 않는 용호동 여행길이 될 테니까.

버스가 제법 오래 서 있다. 돌아보니 한 손에 짐을 든 아주머니가 열심히 손짓하며 뛰어오고 있다. 엔진 소리를 낮춘 버스도 느긋이 기다린다. 그 곁을 자동차와 간선버스가 획획 스쳐 지난다. 기다려준다는 것. 그만큼 절실한 것이 있을까. 조금만 지체되어도 안절부절못하는 디지털시대인 것을. 믿음과 배려가 없다면 불가능한 일이다. 뜸을 들인 마을버스가 넉넉한 인정을 싣고 다시 달린다.

백운포고개에 들어선다. 여기서부터 벌써 공기가 달라진다. 찜통더위는 갯바람에 꼬리 내리고 매캐한 매연도 해무에 밀려난다. 백운포에는 배도 선착장도 없지만 지리적으로 옴팡진 곳이어서 포구로 불린다. 그 앞바다는 고등어와 학꽁치가 많아 낚시꾼의 자리다툼이 치열한 일자 방파제가 놓였으며, 인근 해군작전사령부와 남구국민체육센터 또한 해풍에도 끄떡없이 위풍당당하다. 오른쪽은 성모병원, 양지쪽에는 천주교 묘지가 모셔졌고 비룡산이 신선대 쪽으로 이어져 있다. 그래서 이곳을 비용고개라고도 부른다. 운해가 고개를 넘어 마을로 들어오는 풍경이 장관이니 '백운포'라 명명하는 것은 당연한 일이 아닐 수 없다.

좌측 고개로 마을버스가 넘어간다. 이 길이 진짜 숨은 길이다. 자가용을 타고 오륙도를 찾는 사람이라면 내비게이션이 일러주는 대로 큰길로 가겠지만 토박이 용호 사람들은 샛길로 간다. 벽산아파트를 지나 우측 해군회관쪽으로 휘는 길. 장자산 바람과 오리나무 숲 그늘과 귀를 씻는 풀벌레 소리가 하모니를 이룬다.

"제가 이 길 때문에 운전을 하지요."

기사가 던지는 뜻밖의 말이 반갑다. 그렇구나. 모두가 아끼는 길이 되었구나. 이 길을 갈 때는 창문을 열어야 하리. 풀냄새도 싣고 물봉선화 향도 고이게 하고 산꿩의 소리도 담아야 하리. 기차도 화물차도 관광버스도 다닐 수 없는 길, 오직 마을버스만이 푸른 숲길을 오른다. 이 길 끝에 설산같이 우뚝 솟은 건물이 해군회관이다. 일반인도 이용할 수 있는 저렴한 해군호텔과 웨딩홀과 뷔페가 있다. 군대시설이라는 인식에 이용객은 한산한 편. 시간이 넉넉하다면 1층의 테라스 카페에서 쉬었다가 오륙도까지 걸어가는 것도 괜찮다.

해군해관 고갯길을 넘으면 드디어 큰길과 만난다. 첫 방문객이라면 한결같이 "와아~" 하고 탄성을 내지르는 곳이다. 기대 이상의 바다 풍경이 펼쳐져 있으니까. 오륙도가 눈앞 가까이 있다. 파도의 바다, 등대의 바다, 가마우지의 바닷속에 오륙도가 뿌리를 내렸다. 육지에서부터 우삭도, 수리섬, 송곳섬, 굴섬, 등대섬이 나란히 놓여 있다. 오륙도의 유래는 1740년에 편찬된

오륙도 앞바다

《동래부지》에 동쪽에서 보면 여섯 봉우리, 서쪽에서 보면 다섯 봉우리가 되어 '오륙도'라 이름한다고 기록되어 있다. 흔히 우삭도가 방패섬과 솔섬으로 나누어져 다섯 개 섬이 때로는 여섯 개로 보이는 까닭에 붙여졌다고 하나 이는 일제강점기 때 일본인에 의해 잘못 전해졌다는 주장이다.

오륙도 우측에는 남구 주민들도 잘 알지 못하는 나지막한 섬이 있다. 거미섬이다. 나암이라고도 하며 원주민들은 똥섬 또는 사투리로 거무섬이라고도 부른다. 한 달에 두 번, 보름과 그믐 물때에 따라 바닷길이 열리는 신비의 섬이다.

선착장 종점에 내린다. 오륙도 해풍을 맞으며 남해와 동해의 경계 표지석에 서 본다. 위쪽의 승두말 또는 잘록개라고 부르는 해안 절벽에는 스카이워크가 설치되어 있다. 바다가 훤히 내려다보이는 아찔한 유리다리 위를 걷

길이 드러나는 거미섬

는 것도 폭염을 이기는 일. 아래 해녀 막사에는 오륙도 해녀들이 직접 잡은 해삼과 멍게를 즉석에서 장만해주고 있다. 무엇보다 이곳은 수년 전까지 한센인들이 살았던 용호농장 자리다. 개발에 밀려 사라진 그들은 어디로 갔을까. 대답 대신 바람의 언덕에 핀 하얀 개망초들만 머리를 흔든다.

### 이기대 산책로행 2-1번을 갈아타다

이제 주말에만 운행하는 2-1번을 타볼 때다. 똑같은 번호를 달고 오륙도 선착장에서 이기대 해안산책로를 따라 동생말까지 가는 코스다. 종점에서 정시에 출발하여 동생말까지 갔다가 그곳에서 잠깐 쉬고 되돌아온다. 마을버스가 오르는 반대편 등대섬 곁으로 통통거리며 고깃배가 지난다. 그러고 보니 낡고 작은 마을버스는 육지를 다니는 통통배가 되는 것을.

육지의 통통배가 잘록개 언덕에 올라선다. 덜컹 버스가 비탈에 끼는가 싶더니 거친 엔진 소리 몇 번 뿜고 길을 뚫는다. 창밖 풍경들과 함께 이기대 해안길을 달린다. 여름 반딧불이가 숲을 찌르고 겨울 동백이 달빛을 되쏘는 길이다. 이 길은 걸어가도 좋고 차를 타도 좋다.

큰고개쉼터 가까이서 등산객 일행이 탄다. 정류소가 아니어도 손만 들면 버스가 서는 길. 왁자지껄 이야기가 쏟아진다. 생면부지의 사람들과도 쉽게 말을 건네고 또 답하는 곳. 투박한 사투리가 질펀하게 깔리는 자리. 안부를 묻고 또 서로 위로하는 곳. 모든 게 정겹다. 달리는 마을회관이다. 어느새 동생말에 다다랐다. 동생말이란 해가 뜨는 동쪽 끝자락이라는 뜻이다. 잠시 내려 광안대교를 보며 바람을 쐰다.

막차 손님은 더 이상 없다. 바닥에 굴러떨어진 음료수 병뚜껑, 구겨진 간이 영수증, 일회용 종이컵…. 이것들을 어찌 쓰레기라고만 부를 수 있을까.

폭 꺼진 비닐 의자에 남은 온기처럼 오늘 하루 살아낸 흔적인 것을.

다시 오륙도 선착장 종점으로 향한다. 혼자 남겨진 버스 안에서 "우리는 도대체 어디로 가는가"를 생각한다. 그러다 독일의 시인 노발리스가 답한 "항상 집으로"라는 말을 되새겨 본다. 그렇다. 삶이란 도시로 바다로 숲으로 다니다가 저물녘 마을버스를 타고 집으로 되돌아가는 일인 것을.

**권정일** 시인

—

강과 바다가 합수하는 곳에서 낙조와 함께 모든 사유의 끝이 시라고 여기며
열심히 생각하고 열심히 놀고 있는 시인이다.

## 사하구. 사하 15번 마을버스

**권정일** 시인

### 부산의 가장 아름다운 선셋로드를 달리다

그 도시의 가장 솔직한 모습을 보고 싶다면 마을버스를 타보라는 말이 있다. 사람이 사는 가장 가까운 곳을 스쳐 지나가기 때문이다. 마을버스는 굽이굽이를 오르내려야 마을버스다. 오랜 세월과 다양한 사연이 있을 것 같은, 주름처럼 깊어진 좁은 골목길을 겨우 지나다녀야 마을버스는 마을버스답다. 그 길 뒤에는 우리가 쉽게 보지 못하는 풍경들이 숨어있다. 이처럼 마을버스는 그 지역의 아름다운 비밀들에 한 발 더 가깝게 다가서게 해준다. 시내버스나 좌석버스가 다니지 않아 동네 구석구석을 누비기에 마을버스다. 고지대아파트와 지하철역 사이 연계교통 수단으로 운행하는 미니버스이며, 일반버스가 운행하는 노선에서 거리가 먼 지역, 오르내리기 힘든 고지대, 일반버스가 다니지 않는 지역 등 이른바 일반버스 노선의 틈새 구역을 운행하는 버스이다. 자기 주거지에 가장 가까운 곳에 기점이 있거나 자기 집에서 가까운 곳을 지나가기 때문에 다음에 타고 가야 할 일반버스나 지하철도와 연계하는 교통수단으로 이용된다. 정기 노선버스를 운행하지 아니하는 지역주민의 불편을 덜기 위해 운행하는 버스로 지하철이나 버스를 탈 수 있는 큰길까지 운행한다. 부산은 타 도시에 비해 산악지형이 월등히 많아 마을버스가 활성화 되었다. 거주지역과 인근에 위치한 각종 편의 시설을 하나의 버스노선으로 연결하여 지역 주민들에게 보다 편리한 교통노선을 제공하고자 만들어졌다.

다대몰운대 롯데캐슬을 시작으로 괴정시장, 괴정초등학교 앞에서 유턴해 다시 다대포로 들어가는 사하 15번 마을버스는 부산 서쪽의 가장 끝단을 운행한다. 몰운대-다대포해수욕장-아미산노을마루길-아미산전망대를 경유하며 부산의 가장 아름다운 낙조2길을 달린다. 그 낙조의 아름다움을 만나는 선셋로드 그 공간에 사하 15번 마을버스가 있다.

그 낙조의 아름다움을 만나는 선셋로드 그 공간에 사하 15번 마을버스가 있다.

## 꽃 속에서 화장을 하는 여인의 모습에 비유된 몰운대

사하 15번 마을버스를 타고 다대포해수욕장 정류장에서 내려 도보로 5분 정도 다대포 해수욕장을 따라 걸으면 지방문화재 기념물 제27호로 지정된 몰운대가 나온다. 꽃 속에서 화장을 하는 여인의 모습에 비유될 정도로 빼어난 경관을 자랑하는 몰운대는 태종대, 해운대와 더불어 부산을 대표하는 3대 명승지 중 하나다. 부산광역시 섬 이름 찾기를 보면 1763년 9월 3일 조선통신사로 참여한 조엄이 일본으로 향하다가 이곳에 들렀는데 그의 '해사일기' 에서 "몰운대는 신라 이전에는 조그마한 섬으로 고요하고 조용한 가운데 아름다워 아리따운 여자가 꽃 속에서 치장을 한 것 같다" 고 했다.

몰운대는 낙동강 하구의 가장 남쪽에서 바다와 맞닿는 곳에 자리 잡고 있다. 안개와 구름에 잠겨서 보이지 않는다고 하여 몰운대(沒雲臺)라는 이름이 생겨나게 되었다고 한다. 과거에는 '몰운도' 라는 섬이었지만 지금은 퇴적에 의해 육지와 연결되어 바위 언덕의 몰운대가 되었다.

## 안개가 지천인 몰운대와 다대포 해수욕장

해돋이와 노을을 한 자리에서 볼 수 있는 몰운대에는 지독한 안개가 끼는데 정말 장관이다. 아니 무장한 아나키스트처럼 쳐들어온다고 해야 맞겠다. 한 세기 전에는 '몰운도' 라는 섬이었던 몰운대에 짙은 안개의 성역이 만들어진다. 서로 연결되고 얽혀 있던 식물과 사물이 모두 따로따로인 것 같은 착각에 빠지게 하는 안개, 그 속에 자연과 자연주의자들이 고립되어 한치 앞이 겨우 보일 정도의 신비로움은 한 폭의 야심작 같은 풍경을 그려낸다. 한 번 안개가 밀려오면 좋이 사나흘은 모든 사람과 사물이 혼자다. 아니 혼자인 것처럼 보인다. 맥박 뛰는 소리만 들린다. 이 소리는 풀잎 끝 이슬이 톡 떨

어지는 소리 같기도 하고 한 사흘 젖배 곯은 아픈 강아지의 맥박 같기도 하다. "끼욱!" 갈매기울음도 소리만 보인다. 얼마나 안개가 깊으면 구름마저 모습을 감추는 몰운(沒雲)이라 했을까.

그 주범은 해류다. 그 안개구름에 잠겨 보일락 말락 구름에 빠진 섬이라 하여 몰운(沒雲)이란 이름을 얻었다는데, 옛 사람들의 작명 솜씨는 언제 들어도 품격이 있다. 낙동강에서 흘러온 토사가 쌓여 성장하면서 지금과 같은 곳의 형태가 되어 육지와 연결된 섬, 몰운대는 섬이었다. 모래톱이 닿을 듯 말듯 그려낸 수평선의 레이아웃이 절묘한, 비단결 같은 고운모래와 드넓은 모래사장의 모래해안을 끼고 몰운대는 시작된다.

동래부사 이춘원의 시비를 지나면 본격적인 몰운대다. 여기에서 이춘원의 시 한 수를 읊어보아야 몰운대를 오르는 맛이 난다.

호탕한 바람과 파도 천리요 만리

하늘가 몰운대는 흰구름에 묻혔네

새벽마다 돋는 해는 붉은 수레바퀴

언제나 학을 탄 신선이 온다

몰운도를 이루는 이 섬은 몰운대와 화손대로 이루어져 있다. 이를 통틀어 몰운대라 불려지고 있는데 아미산에서 내려온 완만한 능선에 지어진 고층아파트의 모습이 마천루를 보는 것 같다. 길게 늘어선 용의 능선 두송반도와 사람 사는 냄새가 물씬 풍기는 다대포항의 모습을 가까이에서 볼 수 있다.

몰운대가 육계도(육지와 이어진 섬)가 되는 데는 그 내력이야 세기에 걸쳐진 것이었겠지만 지금 몰운대와 연결된 땅 위에는 각종 음식점과 주점이 빼곡히 들어서 있고, 해변 쪽으로 해솔길의 대규모 해변테마공원이 조성되어 산책을 즐길 수 있으며, 동양 최대라는 낙조분수가 세월의 변화를 말해주고 있다. 몰운대 입구로 들어서면 곧바로 경사가 급해진다. 기암괴석과 울창한 나무들로 이루어져 아름답다. 숲은 해송으로 가득하다. 곶과 곶 사이에 몇몇 작은 해변과 바다를 곁에 두고 길이 이어져 있다. 산책하기 좋은 조건을 갖추고 있어서 인지 운동하는 몇몇 사람의 걸음이 안개 속에서도 익숙하고 빠르다. 몰운대는 사유지이며 그리고 멧돼지 출현이 잦으니 조심하라는 내용들의 안내판이 서있다. 실재로 멧돼지를 보았다는 사람들이 꽤 있다.

몰운대는 해무가 잔뜩 끼여 섬이 보일랑 말랑 사람의 마음을 조였다 풀었다 한다. 그 옛날사람들의 마음을 아주 감질나게 했을 것 같다는 생각을 해 본다. 또한 오늘 날 산꾼들은 1300리 낙동강의 동쪽 큰 산줄기를 잇는 '낙동정맥' 종주를 할 때 마지막 구간 종착점을 몰운대로 잡고 있다는 이야기를 들었다.

## 조선시대 국방의 요충지 몰운대

조선시대에는 다대포진이 있어 국방의 요충지였고 임진왜란 당시에는 이곳에서 다대포진성 전투가 벌어지기도 했다. 국토의 남단이고 바다로 둘러싸여 있어 왜구의 침략이 잦았던 곳이다. 다대포와 몰운대는 임진왜란(1592) 당시 격전이 벌어졌던 곳이며, 충무공 이순신 장군을 빼놓고는 이야기할 수 없다. 임진왜란이 발발하면서 부산포해전이 벌어졌기 때문이다. 이순신 장군은 이곳에서 왜선 100여척을 파괴하면서 대승을 거두지만 그의 취하 장수 정운장군을 잃는 아픔을 겪은 곳이기도 하다. 정운의 순국을 기리기 위한 사당과 '정운공 순의비'가 부산시지정 기념물 제20호로 세워져 있다. 비석에는 '충신정공운순의비(忠臣鄭公殉義碑)'라는 8자가 새겨져 있고, 뒷면에는 18행으로 정운의 순절 내력이 자세하게 기록되어 있다. 비문에는 정운이 선봉으로 몰운대 아래에서 왜적을 만났을 때 몰운대의 '운(雲)'자가 그의 이름인 '운(運)'과 음(音)이 같은 데에서 자신이 죽을 것을 예시하는 것이라 생각하고 죽음을 각오하고 분전하다가 순절하였다고 기록 되어 있다.

## 조선시대의 객사 건축물 다대포 객사

객사는 고려·조선시대에 각 고을에 설치하였던 것으로 관사 또는 객관이라고도 한다. 객사는 고려 전기부터 있었으며 외국 사신이 방문했을 때 객사에 묵으면서 연회도 가졌다. 조선시대에는 객사에 위패를 모시고, 초하루와 보름에 궁궐을 향해 예(망궐례)를 올리기도 하였으며 사신의 숙소로도 이용하였다. 이 지역에 하나밖에 남아 있지 않은 조선시대 객사 건축물로 몰운대 입구에서 오른쪽 방향으로 약 15분 정도 걸어가다 보면 객사가 나온다.

초입에서 그리 멀지 않은 곳에 위치하고 있다.

부산광역시 유형문화재 제3호. 정면 5칸, 측면 2칸의 팔작(八作) 홑처마지붕으로, 언제 지어졌는지 제작연대는 정확히 알 수 없으나, 1825년(순조 25)에 중수(重修)되어 지금에 이른다. 건물의 용도는 수령(守令)이 초하루와 보름에 대궐을 향하여 망배(望拜)를 드리는 데 사용하거나, 사신들의 숙소로 이용되기도 하였다. 안두리기둥 위에 절단된 대들보를 놓은 5량집이며 벽이 없다. 본래 다대초등학교 교정에 있던 것을 1970년에 지금의 위치로 옮겨 복원하였다. 1980년에는 기둥과 마루를 보수하고 단청공사와 현판을 설치하였다. 이것은 이 지역에 남아 있는 유일한 객사 건축물이다.

－ 부산 사하구 다대동 몰운대에 있는 조선시대의 객사건축물

## 낙동강물이 합수하는 다대포

'한국의 나일'이라 불리기도 하는 낙동강은 강원 태백시 함백산에서 발원하여 1300리를 흘러 낙동강 하구 최남단 다대포와 만난다. 이곳이 낙동강 하구다. 철새들의 관문이자 하천 퇴적으로 만들어진 섬이 형성 돼 썰물에는 갯벌, 밀물에는 하구로 변하는 생태의 보고다. 낙동강이 1300리를 흘러오면서 얼마나 많은 사연들을 품었을까.

오늘도 빠르게 변화되고 있는 살아 움직이는 모래섬, 세월이 빚은 모래섬과 인간이 맺어온 살뜰한 인연을 생각하며 '사하'에서 이십여 년을 살아온 나는 늘 이 아름다운 풍경이 축복임을 실감한다.

하구언의 모래섬과 을숙도 몰운대 가덕도 다대동등 사하구의 관광지를 만날 수 있는 아미산전망대로 향해보자.

### 아미산전망대

아미산전망대는 몰운대 롯데캐슬 아파트와 몰운대 성당 바로 옆에 있다. 아미산전망대 바로 앞에서 15번 마을버스는 정차한다.

아미산전망대는 낙동강 하구를 보기 위한 목적으로 지은 건물로 주변의 자연과 조화를 이루도록 산의 형상을 벗어나지 않고 산의 능선과 닮게 설계했다고 한다. 측면에서 보면 새가 앉아 있는 형상이고 위에서 보면 모래톱 두 개가 붙어 있는 모양이다. 외관이 독특한 아미산전망대는 2011년 부산다운 건축상 공공부분 대상을 받은 건축물이다. 대규모 수변공원이 조성되어 지금은 낙동강 하구를 바라볼 수 있는 최고의 전망대인 아미산전망대 정류장을 사하 15번 마을버스는 지나간다. 부산다운 건축물 아미산전망대는 외관부터 와!하는 탄성을 지르게 한다.

아미산 전망대

낙동강 하구의 철새도래지는 낙동강에서 내려온 퇴적물들이 이곳에 쌓여 넓은 갯벌과 모래사구인 진우도, 장자도, 대마등, 맹금머리, 백합등, 신자도, 도요등의 무인도를 만들었다. 이 모든 것들은 아미산전망대 망원경으로 관찰할 수 있기 때문이다. (여기에서 말하는 '등' 이란 낙동강 하구에서 만들어지는 모래퇴적 지형인 사주를 의미한다. 사람들은 도요새가 많이 머무는 사주를 '도요등' 이라고 이름을 붙였다.) 좁은 모래톱이 해안선과 거의 평행으로 늘어서 있는 연안 사주의 모습을 볼 수 있다. 모래톱이 몇 년 새에 많이 쌓여 넓은 면적이 이루어지는 것을 요즘에는 확연하게 느낄 수 있다. 가까운 곳에 있는 모래톱은 아직 '풀등' 이다.

강과 바다가 만나는 지역이다 보니 많은 수생식물이 서식하고, 물고기와 조개 그리고 곤충들이 어느 지역보다 풍부하여 새들이 살기 좋은 환경이 되었다. 낙동강 하구는 겨울에 따뜻하고 여름에 시원해 철새들이 살기 좋은 곳으로 유명하다. 겨울새는 겨울나기에 좋고 여름새는 번식에 적합해 먹이, 지리 및 기후의 삼박자를 모두 갖춘 세계적인 철새도래지다. 모래와 갈대까지 풍부하여 새들의 은신처로 적당하기 때문일 것이다.

아미산전망대는 2011년 2월에 개관을 했다. 대지는 1만 254㎡에 건물은 1천 309㎡의 3층 규모로 지어졌는데 들어서는 입구에서 보면 비상하는 새의 모습을 닮아 있다. 건물 자체로도 하나의 구경거리다. 전망대 내부에는 낙동강 하구언의 생성과정을 보여주고 있는데 모래톱, 철새, 낙조 등 천혜의 전경을 조망할 수 있다. 3층은 실내전망대와 카페로 꾸며져 있는데 차 한 잔의 여유를 느끼기에 좋다. 또 하나 빼놓을 수 없는 것은 길게 데크로 꾸며져 있는 야외 옥상전망대에서 바라보는 낙동강 하구언과 삼각주는 일품이다. 더 좋은 것은 관람료가 무료라는 사실이다.

특히 아미산전망대는 저녁노을로 유명하다. 구름이 약간 있는 날 해넘이가 더 빛을 발한다. 노을나루길을 따라 끊이지 않고 찾아오는 사진작가들을 만날 수 있는 곳, 저녁노을 속을 유유히 나는 하늘의 왕자 솔개를 가장 가까이서 만날 수 있는 곳이기도 하며 역 'V' 자를 그리며 지나가는 청둥오리 떼의 장관을 만날 수 있는 아미산전망대는 을숙도와 함께 부산 철새여행의 일번지라 할 수 있다.

사하 15번 마을버스는 부산의 가장 아름다운 저녁햇살을 수평선 끝까지 싣고 명품로드를 달린다.

부산의 가장 아름다운 선셋로드를 달리다

**윤영화** 조형예술가·고신대교수

–

서울미대에서 서양화 전공 후, 1992년 도불(渡佛),
파리 제1대학교에서 조형예술전공 DEA 박사과정 학위이수 후,
2002년 귀국 후 고신대 교수로 재직,
설치영상작가로 부산비엔날레, 바다미술제 등에 참여하였다.

## 영도구. 영도다리 건너 대평동 깡깡이길,
## 2번 마을버스 타고 흰여울마을로

**윤영화** 조형예술가·고신대교수

부산역에 내렸다.

으레 외지인들은 '부산' 하면 광안리, 해운대 해수욕장... 하는 식으로 많이 들어 이미 유명한 관광지 일색으로 연상하며 말하기 일쑤다.

또 그 다음엔 자갈치시장, 남포동–광복동거리, 국제시장, 용두산공원, 영도다리, 태종대...서면, 을숙도... 하는 식으로 말이다.

학창시절 부산과 가까운 대구에서 지냈던 내게 부산은 거의 가본 적 없는 생소한 곳이었다.

이런 내가 파리에서 10년 유학생활을 마치고 자리 잡은 첫 직장이 바로 부산 영도에 있는 한 대학교였다.

이곳에서 벌써 15년이란 세월을 보내며 영도의 속살을 조금씩 들여다 보게 되면서, 나는 차츰 부산의 그 어느 곳보다 독특한 이곳의 빼어난 자연 풍광과 삶, 또 그곳에 깃든 역사에 색다른 매력을 느끼게 되었다.

#1 걸어서 영도다리에서 깡깡이마을로

영도다리 앞, 우리 아픈 근대사가 저기 누워있다.

일제하, 1934년 준공된 영도다리는 국내 최초의 육지와 섬을 이어주는 연륙교로, 1966년 중단될 때까지 선박이 지나갈 수 있도록 다리 상판을 들어 올리는 도개기능을 가진 다리로 전국에 이름을 떨쳤다.

다시 2013년 도개기능이 재개됨에 따라 최근 새로운 관광명소로 떠오르고 있는 중이다. 또한 주지하다시피 이곳은 6.25전쟁 때 전국 각지에서 몰려든 피란민들의 만남의 장소로 이용되었던 가슴 아픈 역사를 간직한 곳이다.

다리를 건너 영도 초입에 들어서자마자, 때마침 이런 역사를 말해주듯이, 국민가수 현인의 《굳세어라 금순아》가 그의 조각상에서 흘러나온다.

깡깡이길 ― 수리조선소

까꼬막을
오르다
이바구를
만나다

눈보라가 휘날리는 바람찬 흥남부두에

목을 놓아 불러 보았다 찾아를 보았다

금순아 어데로 가고 길을 잃고 헤매였드냐

피눈물을 흘리면서 1.4 이후 나홀로 왔다


일가친척 없는 몸이 지금은 무었을 하나

이내몸은 국제시장 장사치이다

금순아 보고 싶구나 고향 꿈도 그리워진다

영도다리 난간위에 초생달만 외로이 떴다


1951년 1·4후퇴 직후에 발표한 이 곡은 흥남부두, 1·4후퇴, 국제시장, 영도다리 등 시대를 상징하는 단어들을 사용하여 전쟁으로 인해 가족과 생이별을 하고 낯선 타향에서 고통 받아야 했던 서민들의 애환을 극명하게 그려내고 있다.

그의 노래들은 이렇게 1950~60년대 격동의 시대에 우리 서민들의 아픔과 향수를 달래주고, 희망을 심어주었음은 이론의 여지가 없다.

건너온 다리 건너편엔 갈매기 떼들의 군무를 배경으로 송도와 자갈치시장과 대형 백화점, 광복동거리 뒤로 솟은 용두산 공원이 보이고, 아파트촌과 산복도로 골목길 사이로 집들이 다닥다닥 밀집해 들어서 있는 영도 봉래산 기슭엔 여름 일교차로 먹구름이 낮은 포복으로 봉래산을 애무하며 동으로 스쳐 지나가고 있었다.

영도다리를 건너 대교동사거리에서 봉래교차로 쪽으로 가면 봉래시장 입구에 부산어묵의 역사, '삼진어묵전시관' 이 자리하고 있지만, 나는 깡깡이

마을이 있는 우측으로 발길을 돌려 수리조선길로 접어들었다. '대풍포 매축지(待風浦 埋築地)' 라 불리는 이곳은 1926년까지는 포구였는데 일본인이 매축권을 얻어 현 조선공사와 영도대교 사이의 입구를 포함한 대평동 남항동 일대의 표구를 메워 시가지를 만든 곳이다.

녹슨 쇠사슬과 닻, 산더미 같은 밧줄들이 널려있는 이 일대의 풍경은

수리조선길에 정박한 선박들과 각종 어구들

우리 근대사의 애환이 고스란히 묻어있는 정겨운 우리네 삶의 풍경인 것이다.

이 대평동 일대에는 19세기 말, 우리나라 최초로 조선소가 들어선 근대조선산업의 발상지로서 다양한 근대문화유산과 생활문화자원을 간직하고 있으며, 바다를 생활의 터전으로 살아가는 항구도시 부산 사람들의 역동적인 삶과 독특한 산업현장의 활기를 느낄 수 있는 곳이다.

영도다리 밑에는 고기잡이 통통배들이 즐비하게 늘어서 정박 중이다. 수산물 관련업종과 선박수리 관련업체들이 밀집한 남항은 영도다리를 경계에 두고 북항과 나뉘며, 항구도시 부산 사람들의 치열한 삶을 느끼기에 충분한 곳이다.

다리 건너편 중구 쪽엔 6.25 동란 때 피란민들이 생계를 이어가기 위해 생선을 잡아 팔던 자갈치 시장과 건어물 시장이 있고, 이 일대가 조선 산업이 최초로 시작된 곳이다. 북항 쪽엔 대형 조선소가 있지만 남항 쪽에는 바로 '대평동 깡깡이길' 이 있는 것이다.

원래 이곳은 선박부품업체가 밀집되어 있는 수리조선소 길에 배들이 수리를 위해 정박했던 곳으로 쇠, 기름, 그리고 바다 냄새가 한데 섞여있는

수리조선길에 둘거진 선박부품 수리정비공장

독특한 장소이다.

영도다리 밑에는 고기잡이 통통배들이 즐비하게 늘어서 정박 중이다. 수산물 관련업종과 선박수리 관련업체들이 밀집한 남항은 영도다리를 경계에 두고 북항과 나뉘며, 항구도시 부산 사람들의 치열한 삶을 느끼기에 충분한 곳이다. 다리 건너편 중구 쪽엔 6.25 동란 때 피란민들이 생계를 이어가기 위해 생선을 잡아 팔던 자갈치 시장과 건어물 시장이 있고, 이 일대가 조선 산업이 최초로 시작된 곳이다. 북항 쪽엔 대형 조선소가 있지만 남항 쪽에는 바로 '대평동 깡깡이길'이 있는 것이다. 원래 이곳은 선박부품업체가 밀집되어 있는 수리조선소 길에 배들이 수리를 위해 정박했던 곳으로 쇠, 기름, 그리고 바다 냄새가 한데 섞여있는 독특한 장소이다.

이 길의 별칭, '깡깡이길'은 선박을 수리할 때 배의 찌그러진 데를 펴고 녹을 벗겨내기 위해 망치질할 때 나는 '깡깡깡' 소리에서 유래되었다고 한다. 녹슨 페인트를 벗겨내기 위해 6.25전쟁으로 남편을 잃은 아낙들, 일명 '깡깡이아지매'들이 생계를 유지하기 위해 허공에 매달린 널빤지에 앉아 온종일 쇳가루를 들이마시며 망치질을 해대었다. 하지만 이제 그 소리는 그라인더로 대체되어 요사이는 잘 듣기 힘들고 그나마 조선업계 불황으로 인적까지 드문 하니 격세지감을 느끼게 된다.

지자체 주도의 현재 <깡깡이예술마을 조성사업>은 문화예술을 통해 쇠퇴한 지역에 새로운 활력을 불어넣는 도시재생 프로젝트이다.

문화예술인들의 창의적인 아이디어를 바탕으로 대평동 주민과 공공기관이 협력하여 추진하는 깡깡이예술마을 조성사업은 사라진 뱃길을 다시 잇는 영도도선복원, 생활환경을 개선하는 공공예술프로젝트, 마을의 역사와 이야기를 수집하여 출판, 전시하는 마을박물관 프로젝트, 주민참여 및 공감

'칼러풀 스트리트' – 건물정비사업

프로젝트 문화사랑방과 마을커뮤니티 공간조성 등을 추진하고 있다고 한다. 그래서 '정크하우스' 가 작업한 <COLORFUL STREET / 칼러풀 스트리트> 로 가본다.

"다소 규모가 크고 묵직한 이미지를 가진 경진스크류는 선박 바깥 부분에 설치하는 프로펠러 등을 수리하는 공업사인데, 건물 절반을 진한 노란색으로 채색하여 거리를 밝혀주고 초록, 회색, 진한 핑크색, 모던한 형태와 선들을 함께 배치하여 오랫동안 질리지 않는 이미지로 구성했다" 는 변(辯)이다.

100년을 이어온 숭고한 삶의 현장인 깡깡이마을은 조선소 단지 근처에 피난민이 모여 살던 곳으로 지금은 차츰 많이 개선되고 있는 중이지만, 그간 말 못할 만큼 열악한 환경의 '이북동네' 를 지나서 '용신당' 까지 이어진다.

가히 이곳은 부지런히 몸을 움직여 자식들을 먹여 살린 우리 부모님들의 모습을 볼 수 있는 그야말로 '체험, 삶의 현장' 이라고 할 수 있을 것이다.


### #3 마을버스 2번 타고 흰여울마을로 고고

대평동에서 2번 마을버스를 탔다. (구)전차종점을 지나 남항시장을 거쳐 퇴근길 마을 사람들과 함께 봉래산 기슭으로 올라간다. 비록 짙은 선글라스를 썼어도 느껴지는 운전기사의 흥거운 미소는 승차한 아낙네 아재며, 할매 할배며, 차 안 모든 이들의 하루를 마감하는 피로를 잔잔히 풀어주는 듯했다. 흔들리며 가던 마을버스는 마침내 신선들이 살았다는 동네, 신선동 산복도로를 지나고 나더니 앞 차창에 갑자기 비취빛 바다가 펼쳐졌다.

여기가 바로 '흰여울마을' 이었던 것이다. 이윽고 2송도 곡각지(삼거리)

2송도 곡각지(삼거리) 앞에 펼쳐진 바다전경

정거장에 내렸다.

이곳 역시 한국전쟁 이후 만들어진 피난민 역사의 아픔과 시간의 흔적을 그대로 간직한 소박한 마을로서, 대평동 피난민수용소에 자리를 구하지 못한 피난민이 봉래산 기슭까지 밀려와 자리를 잡은 것이 지금의 흰여울 문화마을이다. '흰여울길' 이란 말은 예전에 봉래산 기슭에서 여러 갈래의 물줄

흰여울마을길에서 본 해안가 파도와 묘박지전경

까꼬막을
오르다
이바구를
만나다

기가 높은 절개지를 따라 바다로 굽이쳐 내림으로써 그 모습이 마치 흰 물보라가 이는 물살의 모습과 같다하여 유래된 이름이란다. 이곳에서 보이는 바다 건너편 암남동 송도를 제1송도라 하고, 마주 보고 있는 이곳 흰여울길 주변 일대를 제2송도라 부른다.

'흰여울마을길' 의 고샅으로 접어들어서 바라다보는 바다풍경은 가히 장관이라 할만하다. 탁 트인 바다 너머엔 태초인 듯 마주 노니는 하늘과 구름, 그리고 바다 위 묘박지에 떠있는 배들과 주변의 눈부신 은빛 바다, 이 모든 절경은 세상 모든 시름을 잊고 황홀경에 빠지기에 충분하다. 그래서인지 70-80년대 우리사회의 흔적을 담은, <변호인>, <범죄와의 전쟁>, <영도다리를 건너다>, 등 많은 영화와 드라마 촬영지는 물론, 바닷가 절벽 위에 조성되어 해안 절경의 골목길로 '부산의 산토리니' 라 불리며 출사지로도 이름이 높다한다.

마을버스에서 내려 흰여울마을 입구, '맏머리계단' 으로 내려갔다. 바다 갓길 절영해안산책로에 다다르니 해녀촌탈의실 건너 파도 넘실대는 바위 바로 앞엔 해녀들이 직접 잡은 횟거리로 가족들 연인들 옹기종기 모여 '해녀좌판' 이 벌어지고 있었다. 맘만은 구석자리라도 점지 받아 회 한 사리 먹고 싶었지만, 다음 기회로 미루고 발길을 돌리니 좌측에 바다아이들의 물놀이 터, '세방구자리' 를 보면서, 흰여울길 초반 300m와 영선동 해안을 따라 3㎞나 이어져 겹쳐있는 절영해안산책로를 걷다가 '꼬막집계단' 을 올라 흰여울문화마을에 들어섰다.

단정히 정비된 골목이어도 세월에 비틀거린 가난한 삶이 배어있어 짠한 마음을 금치 못하며 바다를 바라다보니 '배들의 주차장' 묘박지가 늘어서 있는 것이 아닌가? 흰여울마을 앞바다에는 중, 대형 선박들이 바다 위에 떠

있는 이색적인 풍경을 볼 수 있는데, 이는 바로 부산항에 들어오는 화물선이나 원양어선, 선박 수리나 급유를 위해 찾아오는 통과 선박이 닻을 내리고 잠시 머무는 남항 외항의 묘박지인 것이다. 한해의 끝인 12월 31일 자정, 이곳에서는 '뱃고동 교향악' 이 울려 퍼지는 장관이 연출된다.

갓길로 좀 더 가니 흰여울안내소가 보인다. 여기는 영화, <변호인>의 촬영지인데 젊은 연인들이 안팎에서 좋아서 연신 셔터 누르기에 정신이 없다.

덩달아 들뜬 기분이 되어 골목길로 나서니 '하늘화장실' 이 작은 공터에 자리하고 있었다. 이곳은 아직도 세간을 밖으로 내놓은 좁은 집에 사는 주민들은 공동화장실로 쓰는 곳이라 한다. 계속 연이어 걸어가서 경사가 심한 절벽 지형에 세워진 '흰여울축대' 를 지나 흰여울길의 끝이 되는 '피아노계단을 내려다보며 '제2송도 전망대' 에 다다랐다.

앞에 설치된 지도를 보며 송도, 거제도까지 지긋이 바라보다 천천히 절영로 찻길 위로 올라갔다. 오른쪽으로 가면 백련사, 봉래산 등산로 입구가 있고 더 가면 실탄사격장, 목장원과 75광장, 더 가면 중리 해변을 지나 감지해변과 태종대로 이어지는 또 다른 환상의 코스가 기다리고 있다. 하지만 절영로 길가에 창작공간들이 있어 이곳을 지나가 보기로 하고 발길을 왼편으로 돌렸다. 이곳은 '생활속 문화예술 창작공간' 의 창출이라는 기치아래, 2011년 영도구가 달동네 정비사업을 시작하면서 빈집 7채를 공방으로 바꾸고 예술가를 불러 모아 마을을 꾸민 것이다. 영도지역 예술가에게 창작의욕을 북돋우고 구민에게는 생활 속 문화 즐기기와 만남의 즐거움을 주는 독창적인 문화예술 창작공간으로 만들자는 취지로, 길 아래의 흰여울마을 집집마다 페인트칠을 하고 벽화를 그렸다.

2014년에는 부산시가 진행하는 산복도로르네상스사업에, 그 다음해에는 국토교통부의 도시활력증진사업에 지정되어 예산도 받으면서 낙후시설을 고치고 문화 콘텐트를 활용해 관광 명소로 만들겠다는 계획을 이렇듯 꾸준히 실천해 오고 있음이 무척이나 흡족했다.

　어느새 노을이 지고 바다도 검붉게 변하고 쏴아~ 철썩대는 파도소리만 들린다. 반나절을 돌아다보니 시장기가 장난 아니다. 흰여울마을 초입에 마침 미리 알아둔 데가 있어 발걸음은 저절로 그리 가고 있었다. 예스럽고 정감 있는 인테리어의 '달뜨네' 란 식당. 안으로 들어서니 사장님이 반긴다. 앞아서 유명하다는 단돈 1만원의 해조류 '곰피' 를 넣고 끓인 시락국(시래기국)과 고등어·방어 등 숙성 회를 얹은 회비빔밥 일인분과 수제 맥주 한잔을 시켜놓고 벽에 걸린 액자의 시를 본다.

　술마시는 까닭
　　　　　　　－ 정순영


　술을 마시는 까닭은
　세상에서
　지독한 고독에 빠진 나를
　애무하다가
　흘러가버린 무정한 세월에
　파르르 떠는 한이 입술을 달래려는 것이요


　눈을 감고서 탄식하는 세월이 잔등을 다독이며
　포말이 되어 밀려와 부서지는 시간에게

조문하는 것이요

울음 삼키며

술을 마시는 까닭은

다소곳이 마음을 모두우고

남루한 영혼을 위로하는 것이오


저 싯구 너머로 자꾸만 아까 흰여울길 어느 골목길서 보았던 담벼락 위에 놓인 한 쌍의 목각 갈매기와 조화 장미송이가 눈에 아른거린다.

애달픈 세월의 무정한 바다를 등 뒤로 하고 안간힘을 다해 앞으로 나아가려는 그 몸짓 말이다.

흰여울마을 골목길 담벼락 위, 목각 갈매기와 조화 장미송이

**강정이** 시인·수필가

—

"임금님 귀는 당나귀 귀" 외치고 싶어 문학의 길로 들었다.
하지만 내 소리는 산골까지 미치지 못하고 있어 늘 문학에 빚지고 산다.

## 해운대구. 청사포행 마을버스에는 사람냄새가 배어 있다

**강정이** 시인·수필가

사람이 그리운 날, 사람냄새에 젖고 싶은 날은 마을버스를 탄다.

골목길 모퉁이에서, 마치 들장미 소녀 캔디처럼 빨간 머리핀 꽂고 달려오는 마을버스를 기다리며 발아래 고무줄처럼 팽팽한 수평선을 본다. 그리고 수평선을 아니 고무줄을 건드리듯 길바닥을 툭 쳐보기도 한다.

이윽고 캔디처럼 달려오는 마을버스의 문이 열리고 한 계단 발을 올리면 "어서 오이소, 반갑습니다." 하는 기사아저씨의 인사가 화사하다. 마치 벗은 발로 뛰어나오는 엄마처럼 반갑게 맞아준다.

버스에 오르면 갯냄새가 뭉클하다. 미역내 실파냄새도 덩달아 반긴다.

가득 실은 자루에는 미역, 실파, 상추, 깻잎 등 야채들이 담겨있다. 청사포에서 실어온 이 야채들은 길거리 난장이나 재래시장 어귀쯤에서 한 자루씩 창 밖으로 던져진다. 그러면 기다리고 서 있던 상인이 받아가는 것이었다. 정거장에서 내려 일일이 배달하기가 쉽지 않으니 버스가 정거장에 서면 그곳에서 기다리는 상인을 향해 던져주는 것이다.

기사아저씨는 이웃집 삼촌 같다.

"지희야, 그래 학교는 잘 댕기나?"

늘 아는 사이인지라 근황이 읽혀진다고 한다. 길만 보면 그냥 웃음이 나온다는 기사아저씨, 달맞이 고개에서 외국인이 타자

"굿 모닝~" 소리치니 상대도

"하이~" 하고 응수한다.

아, 요즘처럼 삭막하고 기계적인 세태에 저런 질박하고 인정스런 대화라니…, 그래서 나는 사람냄새가 그리우면 2번 마을버스를 탄다.

부산시장상과 버스회사 사장상을 받은 경력을 가진 기사분은 이 직업이 늘 즐거운 것만은 아니라고 고백한다. 몸이 불편한 어르신이 오르내리는데 5분씩 걸리기도 할 때면 배차 시간에 쫓겨 더러 마음이 급해지기도 하지만 그래도 내색 않고 묵묵히 기다린다고 한다.

그는 언젠가 승객을 대할 때 짜증나는 경우가 있어 짜증을 냈는데, 그러다 보니 마음이 불편해지며 그 짜증이 결국 자신을 겨냥하더라고 한다. 말하자면 그런 상황도 기꺼이 친절한 마음으로 부드럽게 대하게 되면 자기 스스로가 뿌듯하고 그 평온함이 본인에게 돌아오더라는 것이다.

기사분은 늘 대하는 승객인지라 가족처럼 반갑다고 한다.

10년째 2번 마을버스 기사로 일한다는 이분은 10년 전 본 아이가 훌쩍 자라 늠름해진 것을 보면 '아, 내가 늙었구나.' 하는 느낌이 든다고 한다.

내리는 승객도

"수고 하이소~"

인사하고 내린다.

그런 주고받는 인사를 통해 기사분은 '나를 편하게 생각하는구나.' 라며 보람을 느낀다고 한다.

청사포행 마을버스.

기사아저씨는 버스에 오르는 승객 모두에게 인사를 놓치지 않는다.

"어서 오세요, 반갑습니다."

하고 말을 건네니 익숙한 듯 오르는 손님도

"아이구 허기사, 반갑소."

하고 어젯밤 술친구에게 말 건네듯 친근히 대한다. 나는 기사아저씨께 마을버스를 운행하면서 어려움이 무엇인지를 물어보았다. 그랬더니 마을버스는 좁은 도로와 골목길을 달리다 보니 어려운 점이 왜 없겠느냐고 설명해주신다.

부산진역에서 민주공원, 충무동에서 감천마을 가는 길 그리고 영주동 가는 길은 경사가 심해서 무척 어려운 도로인데 거기 비하면 그래도 2번 노선은 양호한 편이란다. 하지만 마을버스길은 오르막과 내리막의 연속이라 무척 조심스러운 곳이란다. 또한 길이 좁아 한쪽 도로변에 주차된 차가 있으면 길이 막히기 때문에 도리 없이 기다리고 있어야 되기에 어려움이 많다고 한다. 그래서인지 기사분들의 연령대가 두 부류로 40대와 65세 이상이 대부분이다. 40대 젊은이는 버스기사가 되려고 경력을 쌓기 위함이고 그 외는 주로 65세 이상으로 딱히 갈 곳이 없는 기사 출신들이 대부분이라 한다. 그렇다고 높은 임금이 아닌 것이야 미루어 짐작 되지 않느냐며 보수에 대해서는 말문을 닫으셨다. 그럼에도 불구하고 이 기사아저씨는 길만 보면 그냥 기분이 좋아진다고 하신다. 그분의 이야기를 들으며 나를 돌아보았다.

'나는 과연 무엇을 보면 그냥 기분이 좋아질까, 그냥 기분이 좋아지는 것은 무엇인 것일까?'

2번 마을버스는 해운대역 구 전화국 앞에서 출발하여 해운대 시장, 달맞이길, 장산역을 거쳐 청사포까지 운행한다. 청사포 고갯길에서 내려 골목을 기웃거렸다. 청사포 골목길은 여전히 뱀처럼 고불고불 이어져 있다.

요 근래 골목 담장마다 벽화를 그려서인지 마치 동화 속에 들어온 듯 나도 가벼워진다. 골목길에는 조가비가 뒹굴고 거북이가 엉금엉금 뒤따라오고 열대어는 화려한 의상으로 좁은 길을 바다 속인 듯 헤엄치고 있다. 기하학적 무늬의 낮은 벽장식이 수평선으로 이어질 듯 뻗어 있다. 순한 눈망울을 가진 세 마리의 말이 동해남부선의 추억과 비루했던 역사도 새겨 보자며 청사포를 끌고 있다.

골목 가운데, 어둔 기억은 잘라 버리자는 듯 노란 병아리 빛으로 장벽을 친 카페가 인상적이다. 작은 마당을 활짝 열어 이국적 분위기로, 이젠 이상적이고 창조적인 내일을 꾸며 보자고 의자를 내놓으며 손짓한다. 하지만 문화적 노력이 아직 현실을 해결하긴 부족한 듯 세련된 색깔의 장식 한 모퉁

문화적 노력이 아직 현실을 해결하긴 부족한듯 세련된 색깔의 장식
한 모퉁이에는 쓰레기더미가 쌓여있다

이에는 쓰레기더미가 쌓여있다.

　　마을회관 그리고 마을 경로당이란 간판이 사라진 자리에는 페인트 얼룩이 적막을 툭툭 건드리고 있었다.

　　청사포 골목길은 여전히 실뱀처럼 고불고불 기고 있다.

　　청사포 쪽파가 유명하다더니 자투리 땅, 밭길마다 쪽파가 쪽빛으로 일렁인다. 그래서인지 훤히 열려 있는 대문 안, 마당을 보면 아주머니들이 퍼질러 앉아 파를 까고 있다. 그렇게 다듬어진 파를 자루에 담아 2번 마을버스에 싣고 노점 상인들에게 연결하는 것이었다.

　　3년 전 나는 이 2번 마을버스가 지나는 길목 청사포에 원룸을 얻어 작업실로 썼다. 아침에 눈을 떠 창문을 열면, 내가 잠든 창을 올려보며 밤새워 기다리던 첫사랑처럼, 청사포 바다와 삼백년 묵은 소나무가 나를 기다리고 있다.

아침 햇살에 재갈재갈 부서지는 바다 물결, 작은 어선이 고요히 바닷길 내며 미끄러지고 있다. 조금 지나니 하얀 요트가 '봐라, 이 통쾌한 에너지를!' 하고 소리치며 바다를 가른다.

수평선을 본다. 신기루처럼 아롱대는 수평선을 본다. 삶은 시뮬라시옹 이라고 수평선이 말한다. 수평선에 있으리라, 그곳에 내 꿈이 기다리고 있으리라, 하지만 수평선이 어디 있는가. 바다 멀리 나가보면 수평선은 그 너머로 물러나고 다시 다가가면 또 그만큼 물러나 있지 않은가. 사람들은 있지도 않은 수평선에 저마다의 행복이 기다린다고 믿으며 아우성치고나 있지 않은지. 장 보드리야르가 말하는 시뮬라시옹은 저런 수평선을 두고 한 말이 아닐까. 그는 아마도 행복은 저 마을버스의 소박함과 따스한 인정과 서로에게 안부를 묻듯 아는 체 해주고 미소를 나누는 것이라고 말하고 싶었을지도 모른다.

삼백년 묵은 소나무를 본다. 소나무는 내게 와서 안기라는 듯 양팔을 활짝 벌려 기다리고 있다. 마치 사제가 미사 중에 '주님의 평화가 여러분과 함께' 라며 팔을 벌리듯 소나무는 삼백년 세월의 진귀한 육즙을 그대들에게 내어 주겠다는 듯 가지를 펼쳐 흔들고 있다. 긴 시간들이 깨우쳐 준 삶의 진실들을 들려주고 싶다는 소나무의 애정이 하늘을 받치고 있다.

이곳 소박한 마을에는 고물을 줍는 벙어리 노인이 있다. 길을 오가다 가끔 마주치면 천진한 웃음으로 눈길을 준다. 벙어리 노인은 늘 그렇듯이 바쁠 것 없다는 듯 느릿느릿 폐지를 모으고 있다. 때때로 상추밭에 앉아 야채를 차곡차곡 다듬기도 하고 빛바랜 비치파라솔 아래 앉아서 보이지 않는 시간들과 이야기를 주고받는지 생글생글 웃기도 한다.

지그재그로 난 비탈길과 경사진 언덕바지엔 축 늘어진 채 묶여있는 폐지와 버려진 쇼파가 바다를 보고 앉아 있다. 플라스틱 화분에 쭈그렁 달린 붉은 고추도, 여위게 자란 가지며 유리문만 열면 주름진 살림살이들이 와르르 쏟아질 것 같은 궤짝같은 집이랑, 신기마을회관 혹은 신기마을경로당도 모두 버려진 고물형색이다.

이 비탈 골목길은 사람들이 쓰다가 버린 고물만 끌어안고 사는 듯 다라이에 그득한 양말짝도, 누우렇게 찌든 타올들도, 모두 고물빛이다. 이 골목을 스치는 바람은 너희가 고물됨의 여유와 평화를 아느냐는 듯 솔향기 날리며 나긋이 앉는다.

다시 눈길을 돌려 밭두렁을 보면 아, 저곳에 밀레의 만종이 있다. 밀짚모자를 눌러 쓴 주황빛 몸배바지 차림의 아낙이 엎드려 부추밭을 손질하고 있다. 나는 이곳에서 저 땅이 색을 자주 바꾸는 것을 보았다. 상추철엔 보라색, 장다리꽃철엔 노랑색, 부추철엔 초록색으로, 작물에 따라 땅의 색깔이 바뀌었다. 그리고 하루 종일 엎드려 농사짓는 아낙들의 노고가 바로 만종임을 알았다. 유명한 명화는 액자가 아닌 지금 내 곁에 늘 있다는 것도 새삼 깨닫는다.

좁은 비탈길로 알록달록한 차림의 등산객이 오르내리고 있다.

그 뒤로 앞머리에 머리핀을 꽂은 듯 붉은 띠를 칠한 2번 마을버스가 조심조심 내려간다. 아, 지금 내려가면 약 5분 후에 이 길로 다시 오르겠구나. 이건 내가 2번 버스를 애용하며 파악한 버스의 배차간격 시간이다.

마을버스 기사아저씨는 윗집 아저씨처럼 푸근하다. 버스를 타 보면 다들 그렇다고 말 할 것이다. 늘 대하는 이웃집 사촌이 아닌가, 그래서인지 버스가 지나치다 아는 사람을 만나면 창문을 열고 기사아저씨가 소리친다.

"아지매요, 타소, 차비 안 받으께요." 하는가 하면

"아지매, 빌라에 사능교? 요 골목쯤에서 세워줄까요?" 하니 이웃사촌이 아니고 무언가. 그래서인지 좁은 나의 공간에서 보면 앙증맞은 이 마을버스는 행복을 싣고 다니는 것처럼 보인다. 행복이란 가만가만 늙어 가는 것이고 소박해지는 것이라고 노래하면서 말이다.

코끝에 향기로운 냄새가 스친다. 아랫집 황토방에서 나는 냄새다. 장작 타는 냄새가 굴뚝을 통해 마을을 물들이고 있는 것이다. 편리하고 화려한 문화를 추종함도 좋지만 그래도 가끔은 옛시절의 낭만과 후덕하던 정을 잊지 말자며, 하얀 연기가 푸른 허공에 글을 새기고 있다. ㄷ자인 이 집은 한 쪽을 황토로 지은 것이다, 마당에는 평상이 놓여 있고 평상 위에는 붉은 고추를 말리고 있는 소쿠리가 대여섯 놓여 있다. 이 집 모퉁이에는 오랜 지킴이로 플라타너스가 서있다. 플라타너스는 작은 바람에도 제 마음을 흔들어 보여준다. 저 팔랑대는 몸짓이 하늘을 가린 시멘트 숲과 사람들 틈에서 굳어져가는 내 마음을 다시 말랑말랑하게 녹여준다. 내 몸 속 리듬을 깨워 춤추게 하고 콧노래도 부르게 한다.

소나무 짙푸른 색깔과 꼿꼿함이, 여려서 금세 터져버릴 것 같은 내 마음을 다잡아 강건하게 지켜준다. 이렇듯 소박하고 아기자기한 골목을 벗어나니 철길이 나온다.

이제는 폐선이 되어 옛 이야기를 풀고 있는 녹슨 철길, 이 철길을 따라 걸으며 바다를 보니 '아. 호주의 해변가가 아름답다고 소리쳤더니, 아니었구나. 이 해운대에서 송정으로 이어지는 바닷길이 얼마나 시원하고 쪽빛으로 반짝이는지를 미처 몰랐구나.' 하는 자괴감이 들 정도로 넓고 길게 출렁이고 있었다.

나는 가끔 이른 아침, 이 철길을 따라 걷다가 바위를 타고 내려가 바닷

이제는 폐선이 되어 옛 이야기를 품고 있는 녹슨 철길

**#chapter 3_바다** 해운대구. 청사포행 마을버스에는 사람냄새가 배어 있다   *207*

가에 앉는다. 그리고 호주머니에서 작은새라고 불리는 오카리나를 끄집어내어 바다를 향해, 아니 파도를 마주하며 오카리나를 분다.

엘콘도라파샤, 바람, 작은새의 왈츠, 그러다가 그리운 금강산도 불어재낀다. 불다가 보면 어느때는 작은 쥐새끼도 노랫소리를 아는지 쥐눈이콩같이 반짝이는 눈으로 나를 올려 보곤 한다. 하긴 그런 때 나는 화들짝 놀라 다시 철길로 뛰어 오르긴 하지만 그래도 한편 감미롭고 흐뭇한 미소가 드는 것을 숨길 수는 없다.

다시 청사포 바닷길을 거닐면 삼백년 묵은 보호송인 청사포당산 망부송이 기다리고 있다. 그러고 보면 이곳 청사포에는 오래 묵은 소나무가 유난히 많다.

청사포는 소나무처럼 비바람과 모진 가난의 시간들을 묵묵히 견디며

지켜온 마을이라고 말해주는 듯하다.

오전에 비가 내리더니 이젠 화창하다. 내 기분도 그렇다.

이런 저런 생각으로 다시 바다를 내려다보니 하얀 등대가 눈에 든다. 하얀 등대에 초록불이 깜박거린다. 남녀가 손을 잡고 걷는 모습이 아름답다. 방파제 아래쪽에는 낚시꾼이 시름없이 앉아 있다. 서쪽 하늘이 붉어진다. 아, 일몰이구나. 나는 얼른 밖으로 나와 등대를 향한다. 바다에 잠기는 일몰을 보기 위해서다.

오늘 하루도 최선을 다해 달렸다는 듯 숭고하고 아름답다.

비 개인 뒤, 청사포 바다가 푸른 모래알을 더욱 푸르게 씻고 있다.

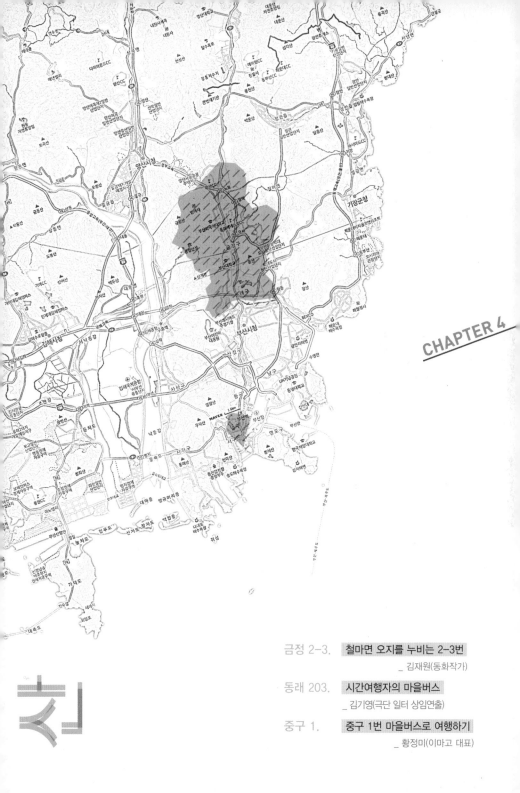

CHAPTER 4

**김재원** 동화작가

–
동화창작교실을 열어 후진을 가르치며
주말에는 텃밭에서 자연을 벗삼아 살아간다.

## 금정구. 철마면 오지를 누비는 2-3번

**김재원** 동화작가

도시의 대중교통은 지하철과 버스, 그리고 마을버스가 있다. 지하철이 동맥이라면 시내버스는 정맥과 같고, 마을버스는 마을 곳곳을 누비고 다니니 실핏줄과 다름없다.

요즘에는 집집마다 승용차가 생겨서 대중교통을 잘 이용하지 않지만 마을버스는 값싼 비용으로 목적지까지 편안하게 갈 수 있다. 마을버스는 산복도로나 고지대에 사는 서민들에게는 발 역할을 한다.

어디 그뿐인가? 임택(57), 임성택(43) 두 사람은 의기가 투합하여 마을버스를 타고 677일 동안 세계 여행을 하고 오기도 했다. 이 두 사람에겐 마을버스가 세계를 도는 관광버스 역할을 한 셈이다.

예전에는 동네 사람들이 대부분이 마을버스에 의지했다. 어디 갈 때나 시내에서 일을 보고 돌아올 때도 오직 마을버스만을 애타게 기다리곤 했다. 시간에 맞춰 나가야만 탈 수 있었는데 꾸물거리다가 놓치기라도 하면 한 시간이나 두 시간을 꼼짝 없이 기다려야 했다. 아무리 기다려도 오지 않을 때는 속 썩이는 애인처럼 여겨지기도 했다.

고장이 나서 도무지 오지 않을 때는 땀을 뻘뻘 흘리거나 추위에 떨면서 먼 길을 걸어가기도 했다. 그런 때는 마을버스가 원수 같았지만 한편으로는 얼마나 소중한지를 몸으로 깨닫는 계기가 되었다.

정류소에서 배차 시간표를 보고 또 보는 학생들, 시장 보러 나왔다가 무거운 장바구니를 들고 있는 아주머니들, 고단한 몸으로 퇴근하는 외국인 노동자들이 한데 모여 마을버스를 하염없이 기다렸다.

마을버스는 지하철이나 시내버스보다 비좁아서 사람과 사람 사이의 간격이 그리 넓지 않았다. 여름에는 옆에 있는 사람의 땀냄새가 진동했다. 그 덕분에 함께 탄 사람들이 가족이나 친척처럼 허물없이 대화를 나누었다. 밭일이 너무 힘들다는 할머니, 농사가 잘 안 되어 속상하다는 할아버지, 남편 흉을 보는 아주머니, 학생들은 같은 반 친구 얘기를 하며 깔깔대었다.

마을버스 운전기사는 손님이 느릿느릿 타고 내려도 불평하지 않았고,

몸이 불편한 할머니의 무거운 짐을 들어주기도 했으며, 아무 데서나 벨을 눌러도 자가용처럼 집 앞에 세워주었다.

그래서 기사와 승객이 그냥 인사를 주고받는 정도가 아니라 집안의 대소사를 훤히 알고 있었고, 농담을 건네기도 하면서 훈훈한 인정을 나누었다.

한 마디로 마을버스는 온갖 사연을 싣고, 동네 구석구석을 누볐다.

내 뇌리에는 마을버스가 어린 시절 잊을 수 없는 추억의 하나로 자리 잡고 있다. 나와 나이 차이가 11살 되는 큰형님이 그 당시 마을버스 기사를 했다. 초등학생이었던 내가 종종 마을버스 정류소에 나가 있으면 큰형님은 동전 한 두 개를 손에 쥐어주곤 했다. 형님 체온이 남아서 따뜻한 동전이었다. 나는 그걸로 군것질을 하면서 가난한 시절에 허기를 채웠다.

지금은 금정구 두구동에 주말농장이 있어서 가끔 마을버스를 탄다. 굳이 승용차를 갖고 오지 않아도 범어사 역에서 지하철과 환승하여 마을버스를 탈 수 있으니 참 편리하다.

철마에 있는 거문산을 등산하러 갈 때도 마을버스를 이용했다. 2-3번 마을버스는 범어사역 앞에서 출발하여 노포 부산종합터미널을 거쳐 금정체육공원, 임기, 에스엔티대우, 두구동, 철마삼거리, 웅천리까지 간다.

주말에 모처럼 시간을 내어 마을버스를 타고 추억 여행을 하기로 했다.

범어사역에서 철마로 가는 2-3번 마을버스는 금정중학교 정문 앞에서 출발한다. 예전에는 배차 간격이 30분이었지만 지금은 손님이 줄어서 한 시간 간격으로 운행하고 있다.

정관과 동래롯데백화점을 운행하는 73번 시내버스가 철마를 경유하면서부터 2-3번 마을버스는 점점 경쟁력을 잃어가고 있다. 대형마트한테 손님을 빼앗긴 동네마트 신세와 같다.

마을버스 기사들도 대부분 시내버스를 운전하다가 나이가 많아지면 옮겨오는 경우가 많단다.

내가 탄 마을버스 기사는 나이가 꽤 들어보였다.

"기사님, 아주 정정하시네요. 연세가 어떻게 됩니까?"

"70이 넘었지요. 아직 잘리지 않아서 이렇게 운전대를 잡고 있습니다."

내 큰형님은 술을 하도 좋아해서 71세에 간암으로 세상을 떠났다. 형님이 생각나서 또 물었다.

"기사님도 혹시 술을 좋아하십니까?

"나도 40대 때는 술을 엄청 마셨지요. 술을 얼마나 많이 마셨는지 응급차로 병원에 실려간 적도 있어요. 그러다가 더 살지 못할 것 같아서 결국 술을 끊었지요. 술을 끊으려고 음료수를 어찌나 많이 마셨는지 지금은 음료수도 질려서 안 마십니다. 그 대신 담배는 아직까지 피우고 있습니다. 운전대를 놓으면 담배도 끊어야 하겠지요."

기사의 상의 호주머니에는 담배와 파이프가 꽂혀 있었다.

"담배를 끊으려고 노력하신 적은 없습니까?"

"많이 노력해 보았지요. 하지만 운전하는 직업이 보기보다 스트레스가 많아요. 행인이 어디서 튀어나오는지도 모르고, 다른 차가 갑자기 들이받아서 사고가 나기도 합니다. 아무리 조심해도 사고가 날 때는 도리가 없습니다. 사고를 당하고 나면 나도 모르게 줄담배를 피우게 됩니다."

기사의 심정이 충분히 이해가 되었다. 내 큰형님 역시 스트레스를 술로 풀었다. 그 술이 수명을 단축한 것이다. 마을버스는 두구동을 벗어나 철마 고갯길로 접어들었다. 이제는 변화한 시내가 아니라 드넓은 자연이 눈앞에 펼쳐지고 있었다. 이런 맛에 2-3 마을버스를 탄다. 복잡한 도심을 탈출한 기분이다. 낮이라서 아무 것도 없지만 밤에는 동물들이 뛰어나올 법한 곳을 지나갔다.

"밤에 이 길을 지나가다가 동물을 만난 적은 없습니까?"

"왜 없어요? 종종 고라니나 멧돼지를 봅니다. 고라니라는 녀석은 전조등 불빛을 보면 오도 가도 안 하고 찻길 한가운데 우뚝 서 있어요. 차를 멈추고 경적을 울려야 달아납니다. 멧돼지는 행동이 재빨라서 차 사이를 후딱 빠져 나가지요. 좀처럼 차에 부딪치는 일도 없습니다. 한 번은 어떤 차가 고라니를 들이받아 길가에 쓰러졌는데 나중에 오면서 보니 벌써 누군가가 주워 갔더군요."

이야기를 주고받다 보니 철마면 사무소를 지나 철마 웅천리 쪽으로 향하고 있었다.

철마 웅천리 아드매우물

벼들이 논에서 누렇게 익어가고 있고, 메뚜기들이 뛰어노는 넓은 콩밭과 들깨밭, 수많은 국화 화분을 키우는 화훼농장도 스치듯 지나갔다. 마당에 빨간 고추를 넓게 펼쳐놓고 말리는 집들이 보였다. 도시에서는 보기 드문 풍경이다. 나도 모르게 마음이 넉넉해졌다.

웅천리 종점에서 기사와 작별하고 내렸다.

마을버스 정류소에서 그리 멀지 않은 곳에 웅천리 연꽃 공원이 있다. 홍연과 백연이 한창 피어날 때는 굉장한 볼거리다.

웅천리와 가까운 와여리에는 구산단·의용당(龜山壇·義勇堂)이 있다. 이 사당은 해주 오씨(海州吳氏) 판관공파(判官公派)의 재실이자, 임진왜란 때 의병을 일으켜 공을 세운 오홍과 오춘수의 충절을 기리기 위해 1918년 3월 준공하였다.

나라가 어려울 때 의병을 모집하고 왜군들과 싸운 오춘수(吳春壽·1573~1595)는 부산광역시 금정구 구포동에서 태어났다. 그의 육촌 아우인 오홍(吳鴻·1566~1597)은 1566년(명종 21) 기장군 철마면 연구리에서 태어났다. 그들은 임진왜란이 일어나 동래읍성이 함락되자 300명이 넘는 의병을 모집하여 왜군에 함락된 기장읍성을 수복하기 위한 작전을 폈다. 기장현의 관문인 기장 용소 계곡에 매복해 있다가 그날 밤 횃불을 들고 왜군을 급습하였다. 왜병들은 위장 전술에 속아 겁을 먹고 제대로 도망도 못 가고 죽은 자가 470명이나 되었다. 임진왜란 기장 전투의 첫 전과였다.

또 두모포에 김일덕(金一德) 휘하의 의병이 왜군에 포위되자 인근의 의병대와 합세하여 적을 토벌하고 이들을 구출하였다. 양산 조평 전투에서는 장방 골짜기로 유인하여 100여 명을 수장하고, 달아나는 왜적 700여 명을 추격하여 완전히 소탕하였다. 많은 전투를 치르며 큰 전공을 세웠으나 1595년

(선조 28) 3월 13일 오춘수는 서생포 전투에서 전사하였다.

오홍은 대운산 동쪽 큰 골짜기에다 본거지를 정하고 의병들을 모아 훈련시켰다. 오홍은 울산 병영에서도 왜군의 군량미를 빼앗는 등 곳곳에서 의병들과 합세하여 승전을 거두었으나 남원성 밖에 있는 적병을 기습하였다가 수적으로 부족해서 장렬하게 전사하였다. 당시 나이는 32세였다.

[출처] [군민필진] 상현당·사정단(尙賢堂·沙汀壇)과 구산단·의용당(龜山壇·義勇堂) 기장군

마을 뒤에는 거문산이 우뚝 솟아 있다. 거문산은 1750년에 제작된 『해동지도(海東地圖)』에는 한자명이 거문산(巨門山)으로 지금과는 다르게 기재되어 있다. 명칭 유래에 대해서는, "옛날 바다에서 해일이 일어났을 때 거미 한 마리가 앉을 정도로 꼭대기만 남기고 물에 잠겼다" 하여 이런 이름이 붙었다고 전해진다.

철마면 북쪽에는 철마산이 있고, 두 산 사이에는 송정천이 흐르는데 수영강으로 들어간다. 거문산 동쪽 기슭에는 ⁺기장 8경의 하나인 '홍연폭포'가 있다.

홍연폭포는 여름철에 큰비가 온 뒤에는 물의 양이 많아서 물보라가 볼만 하다. 여러 개의 폭포에서 떨어지는 물방울이 영롱한 구슬로 변해 사방으로 흩어진다. 물보라가 햇살을 받아 일곱빛으로 빛난다고 하여 '무지개폭포'라고 불리기도 했다.

홍연폭포에서 도보 5분 거리에 수도암이 있으며, 정관읍에서 넘어오는 곰내재에 곰내터널이 개통되어 접근이 한층 더 쉬워졌다.

수도암을 보고 나서 산길을 따라 쭉 올라가면 소산마을이 나온다. 소산마을은 분지형으로 된 마을인데 공기가 맑고 해발이 높은 곳이라 전원주택지로 각광받고 있다.

철마 웅천리에서 등산을 하려면 거문산을 올랐다가 바로 내려올 수도 있고, 두구동 공덕산까지 가는 조금 긴 코스도 있다.

자세한 산행코스는 국제신문 홈페이지에 들어가 '근교산&그너머 <821> 기장 공덕산~거문산' 편을 참고하면 된다.

철마면의 볼만한 행사로는, '구칠리 찰토마토 축제'가 있다. 이곳은 밤과 낮의 기온차가 심해서 토마토 생산에 적합한 곳이다. 깨끗한 물과 맑은 공

+ 기장 8경 : 달음산, 죽도, 일광해수욕장, 장안사, 홍연폭포, 소학대, 시랑대, 임랑해수욕장

기 덕분에 토마토가 단단하고 당도가 높아서 소비자들에게 큰 호응을 얻고 있다. '철마 한우축제'는 기장을 대표하는 축제로 자리를 잡았다. 철마 한우는 육질이 두부처럼 부드럽고 300-500kg의 한우만을 취급하기 때문에 최상급의 품질을 자랑한다. 해마다 10월 중순경에 4일 동안 철마면 장전천 들녘에서 한우 축제가 벌어지고 있는데, '온몸으로 느끼는 오감만족 가을 여행'이라는 주제로 다양한 볼거리와 체험 프로그램을 운영한다. 대형 천막에서 한우를 저렴하게 사서 먹을 수 있는 행사장과 정육 판매장 등이 설치되고, 곰탕 먹거리 장터도 별도로 운영되고 있다.

체험 프로그램으로는 소달구지 타기, 추억의 메뚜기 잡기, 허수아비 만들기 등 농촌체험과 인절미 길게 만들기 등이 펼쳐진다. 가족 단위 방문객을 위해 굴렁쇠 굴리기, 짚공차기 등의 전통놀이 시합인 '패밀리가 떴다'와, 주부들의 힘자랑 대회인 '아지매 한우장사', 어린이들을 위한 전통놀이 체험마당 등이 열린다. 또 통기타 경연대회, 광양시립국악관현악단 초청 공연, 추억의 동동구리미 장수 공연과 철마사랑가요제 결선 무대도 마련된다.

행사 기간 방문객을 대상으로 매일 추첨을 통해 기장 특산품을 비롯한 경품을 나눠주기도 해서 많은 부산 시민들이 몰려든다.

마을버스의 종점인 웅천리는 한적한 시골 마을이었는데 최근 들어 개발 붐이 밀려와 낡은 기와집을 허물고 현대식 건물을 짓는 집이 늘어나고 있었다. 도로 옆에는 도시화의 상징인 테이크 아웃 커피점도 들어와 있다.

그래도 마을을 구석구석 돌아보면 가끔 낡은 시골집이 눈에 띈다. 오래전에 보던 공동우물이 있어서 신기한 눈으로 보고 있는데 바로 옆에 대문을 활짝 열어 놓은 집이 보였다. 안을 살며시 들여다보았더니 꽃밭을 아주 잘 가꾸어 놓았다. 맨드라미, 수국, 해바라기, 천일홍 등이 다양하게 심어져 있었다. 부러운 눈으로 보고 있다가 안에서 나오는 할머니와 눈이 마주쳤다. 겸연쩍어서 얼른 인사를 했더니 들어오라고 손짓을 했다. 툇마루에 걸터앉아서 땀을 닦고 있자 할머니가 미숫가루를 타주었다. 감사히 먹겠다고 인사를 하자 할머니가 혼잣말을 하셨다.

"나는 귀가 잘 안 들려서 말귀는 못 알아들어요. 보청기를 끼어도 소용이 없네요."

팔순이 훌쩍 넘어보이는 할머니가 안쓰러웠다. 허물어가는 기와집처럼 할머니도 언젠가는 세상을 떠나시겠지. 그 집을 나오는데 가슴에 휑한 바람이 불었다.

다시 시내로 나오려고 마을버스를 기다렸다. 한참 있으니 2-3 마을버스가 왔다. 공교롭게도 아까 만난 그 기사를 또 만났다. 큰형님을 만난 듯 반가웠다.

"하루에 몇 번이나 왕복하는가요?"

"9번 왕복합니다."

"그러면 피곤하시겠네요. 수고가 많으십니다."

"뭐 평소에는 할만한데 요즘에는 추석을 앞두고 있어서 벌초하러 가는 차량들 때문에 도로가 좀 막히네요."

"아, 그렇군요. 벌초도 옛날만큼은 안 하지요?"

"물론이지요. 나도 부모님 산소를 윤달에 납골당으로 모셨어요. 지금 젊은 세대들이 나이 들면 벌초를 하겠습니까? 다 지나간 날의 풍경이 되겠지요."

그 말을 들으니 아까 만난 할머니가 떠올랐다. 할머니가 돌아가시면 자식들도 납골당으로 모시겠지. 현대화의 거센 물결에 밀려 점점 사라져 가는

기와집과 무덤들……,

마을버스도 하루에 손님이 300명 정도는 타야 유지가 되는데, 100명 타기가 어렵다니 앞으로의 운명이 손바닥 들여다보듯 뻔하다.

시민들이 편한 자가용만 타지 말고 마을버스를 타고 그 옛날의 추억 여행이라도 자주 떠나면 좋겠다.

**김기영** 극단 일터 상임연출

—

오로지 연극반에 들어가기 위해 부산대에 적을 둔 적이 있다.

희곡을 쓰고 연출하는 일을 오래오래 하고 있고,

어쨌든 사람들 사이의 손 내밀기와 서로 품기만이 그나마 세상살이의 작은 위로가

된다는 내용의 작품활동을 주로 한다.

## 동래구. 시간여행자의 마을버스

**김기영** 극단 일터 상임연출

온천장 지하철 역 건너편에서 203번 버스를 탄다. 버스는 금정산성 죽
전마을과 온천장역을 오고간다. 배차 간격은 15분, 첫차는 05:35, 막차는
22:55이란다. 산성 길은 굽이굽이 꺾인 곳이 많기 때문에 아주 드물긴 하지
만 폭설이 내린 날에는 운행을 하지 않는다. 이 버스 노선의 매력은 아주 짧
은 시간에 자연 속으로 순간이동 시켜 준다는 거다. 버스를 타고 온천시장과
아파트들을 지나고 잠시 후면 초록의 나무들의 사열을 받으며 산길에 진입
한다. 봄에는 초록의 사이사이 햇빛이 투과될 정도로 맑은 연분홍 진달래가
마음을 두드린다. 11월 바람이 불면 서쪽사면에 가슬가슬한 낙엽들이 저희
들끼리 겹겹이 모여든다. 그렇게 겨울을 난다.

아, 참 버스가 완전히 숲길로 접어들기 바로 전 구간에 부산대학교 후
문 정류장이 있다. 정확하게 말하면 후문이 아니고 개구멍이라고 불렸던 곳
인데 소나무 밑에 널찍한 평상들이 놓여있고 오래된 낡은 부엌에서 국수와
도토리묵과 파전이 만들어진다. 산을 내려오는 등산객들, 학교 수업을 살짝
제끼고 나온 학생들, 때로는 야외 수업이 벌어지던 곳이다.

그 인근은 아파트 단지로 모두 바뀌어버린 탓에 흔적도 찾기 어렵지만 내가 대학을 다니던 시절 그곳은 싼 방들이 많은 자취촌이었다. 마을과 산을 잇는 경계쯤 되는 곳이어서 골목엔 뿌리가 간간이 드러난 큰 소나무도 있고 심지어는 안에 커다란 바위가 있는 방조차 있었다.

그 시절 바람 선선한 날이거나 햇볕 좋은 날, 아니 그 어떤 날이든 핑계를 만들어 수업을 땡땡이치고 학교 뒷산, 말하자면 금정산으로 올라 산성막걸리를 홀짝거리다 달 보며 산성길을 탈래탈래 내려오곤 했다.

서서 올라가 굴러 내려온다는 말이 있을 정도로 산성막걸리는 위력이 대단했다. 도토리묵 한 접시, 파전 한 장으로 막걸리 주전자를 야금야금 비우다보면 어느새 무릎에 힘이 풀리는 지점에 이르는 것이다. 요즘이야 주말이면 단체로 몰려드는 행락객들과 그들을 위한 고기 굽는 냄새 때문에 산성마을의 호젓한 풍경이 사라졌지만 예전엔 그저 소박한 술상 하나면 반나절이 갔다.

버스는 가볍게 후문 정류장을 돌아 바야흐로 산 속으로 들어간다. 처음엔 나무만 보이다가 조금씩 위로 올라갈수록 작은 봉우리도 보이고 금정산의 능선도 보이고 하늘도 보인다. 그쯤 되면 동문 정류장에 버스는 선다.

동문은 금정산성 4개 성문 중 가장 크고 관문으로서의 기능을 한다. 등산객들은 동문정류장에서 하차해서 금정산을 오른다. 동문 못 미쳐 너른 터에 생명평화대장군, 생명살림여장군 장승이 서 있고 그 주위로 크고 작은 꼬마 장승들과 예술가들을 기리는 장승이 더불어 자리잡고 있어서 산을 들고나는 이들을 바라보고 있다. 한번씩 눈길 마주치며 지나는 것도 또 다른 재미일 것이다.

동문에서 시작하면 이미 산의 정상 가까이 올라온 셈이니 능선을 따

라 조금 편안한 산행을 즐길 수가 있다.

금정산은 높이 801미터의 화강암 봉우리인 고당봉이 주봉인데 낙동강
과 양산 일대, 그리고 부산시내를 한 눈에 아우르는 전망을 자랑한다. 고당
봉 바로 아래에는 고모영신(고당할미)과 산왕대신(금정산 호랑이)의 위패가
모셔진 고모당(姑母堂)이 있다. 임진왜란 당시 왜군은 범어사를 불태워버렸
는데 밀양 살던 박씨가 그 소식을 듣고 달려와서 시주를 받아오는 화주보살
이 되어 범어사의 재건을 위해 온 힘을 다했다.

세상을 떠날 때가 되어 유언을 하기를 화장을 해서 금정산 높은 봉우
리 아래에 사당을 지어 고모제(姑母祭)를 지내 주면 금정산의 수호신이 되겠
다고 했다고 한다. 이에 범어사에서는 매년 음력 1월 15일과 단오날에 제를
올린다. 고당봉 동쪽에는 금샘(金井)이 있는데 동국여지승람에 산마루에 우

물이 있어 금빛물고기가 오색구름을 타고 하늘에서 내려와 우물 속에서 놀았다는 설화가 있는데 여기서 금정산의 이름이 유래했다고 본다.

금샘은 화강암 꼭대기의 우물 모양으로 둘레는 3미터에 이른다. 일년 내내 물이 마르지 않는 이유는 낮에 햇빛의 열기로 데워진 바위가 낙동강의 안개와 주변의 수분을 빨아들여서 샘에 물이 차게 된다고 한다.

그러나 과학적 이유를 들이대기 전에 바위정상에 마르지 않는 샘물이 있다는 전설 같은 이야기가 끊이지 않고 전해지는 것이야말로 우리 삶이 좀 더 윤택해지는 한 가지 이유가 아닐까. 보름날 금샘에 올라보면 하늘을 환하게 밝히는 보름달이 금샘에 도 하나가 폭 빠져있다.

바람이 살랑 불면 달은 금빛물고기 떼로 흩어진다. 하늘과 땅을 이어주며 하늘의 뜻을 땅에 전하고 사람의 소리를 하늘에 올려보내주었던 금빛

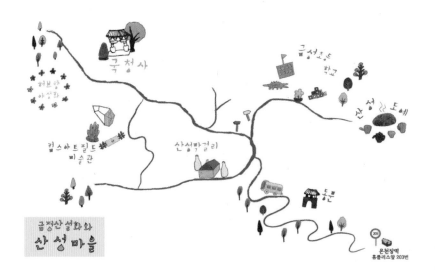

까꼬막을
오르다
이바구를
만나다

물고기, 그 의미를 새겨본다.

국내 최장 18,825미터의 길이를 자랑하는 금정산은 부산의 진산답게 여러가지 행사도 열리는데 금정구와 금정구 축제위원회, 금정문화재단에서 주관하는 금정산역사문화축제가 매년 5월에 열린다. 2017년에는 새롭게 조성된 다목적 문화광장에서 조선시대 금정산성의 형태를 재현해서 다양한 역사체험을 할 수 있게 진행했다.

서문을 재현한 광장입구를 지나면 병영체험, 산성마을 체험촌, 금정설화체험촌, 먹거리촌 등 다양한 코너들이 관광객을 기다리고 '막걸리 동창회', 산성에서 별을 바라보며 1박2일 야영을 하는 '산성 수호대 캠프' 등의 이벤트도 진행되었다. 내년에도 계속된다고 하니 좋은 체험거리가 생긴 셈이다. 그리고 부산민예총에서 매년 주관하는 금정산생명문화축전도 해마다 5월에 열리는데 올해로 17회째를 맞았다.

작년부터 축제의 한 축으로 진행되는 춤 경연대회인 '춤추는 금어'는 전국에 유래가 없는 산에서의 춤 경연대회로 인위적인 조명이나 음향, 무대장치 없이 금정산 속에 녹아들어 자연 속에서 자신의 예술적 경계를 넓히려는 예술가와 시민들의 자연스런 소통으로 많은 관심을 모으고 있다.

올해의 주제는 '생명', 금정산 능선을 따라 하늘에서 내려 온 금빛물고기의 생명성이 다양한 춤으로 형상화된다. 또한 축제의 시작부터 지금까지 꾸준히 진행되어온 '달빛걷기'는 많은 시민들의 참여 속에서 금정산의 봄밤의 정취를 느끼는 프로그램으로 자리 잡았다.

은은하게 저녁이 물들어가는 금정산의 능선을 느리게 걸으며 다양한 예술을 체험하는 것은 일상에 긴박되어 살아가는 도시인들에게 잊지 못할 추억의 한 장면이 된다. 달의 운행에 따라 어떤 때는 보름에 가깝기도 하고 어떤 때는 그믐에 가까워 눈썹달이 되기도 하지만 산길을 걷는 이들의 마음 엔 저마다의 달이 하나씩 차오르게 된다.

산마루에서 마주치는 도시의 야경 또한 황홀하다. 바다를 가로지르는 광안대교, 부산항대교, 남항대교의 경관 조명과 도심의 거리와 골목을 채우 는 불빛, 서쪽으로는 낙동강변을 따라 길게 늘어선 사람의 마을에서 새어나 오는 빛무리들, 거무스레한 하늘을 비행하는 여객기의 점멸등들이 하나하나 눈에 들어온다. 도시 속에서 도시를 벗어난 기분이다. 5월엔 한번쯤 금정산 에 깃들기를...

버스는 동문을 지나 남문 입구에 정차를 한다. 남문은 산성고개에서 안으로 걸어 들어가면 있는데 다른 성문에 비해 소박한 모습을 하고 있다. 그러나 남문 부근에서 가야시대의 경질토기편이 발견되어서 금정산성의 역 사가 신라시대까지 거슬러 올라가지 않겠나라는 추정을 가능하게 한다. 남 문에서 조금만 내려가면 금강공원까지 가는 케이블카를 탈 수 있다.

산성고개에서 남문까지의 길은 다른 등산로보다 호젓해서 조용하게 산책을 할 수 있는 코스이다. 남문을 지나면 공해마을 정류소가 나온다. 다 목적 광장에 갈 요량이면 공해마을에 내리면 된다. '금정산역사문화축제' 기 간 중에는 바로 다목적 광장에 내려준다고 한다. 산성교를 지나 삼거리 금성 동주민센터 정류장에 내린다. 말하자면 그곳이 마을여행을 하기 위한 최적 의 출발점, 산성마을의 속살 들여다보기를 시작하는 지점이 된다.

삼거리에서 금정산 학생수련원 쪽으로 길을 잡아 약간 들어가서 오른 쪽으로 올라가면 금성초등학교가 나온다. 금성초등학교는 1937년 구포공립 보통학교 부설 금성강습소로 개교해서 해방 이후 1946년에 금성공립국민학 교로 재개교를 하였다. 엄청난 역사를 가진 학교인 것이다. 그러나 학생 수가 줄어들면서 2009년 폐교대상학교로 지정되어 있었는데 '작은 학교' 만들기에 뜻을 모은 선생님들이 중심이 되어 학부모들과 숱한 논의를 거친 끝에 대안적 공립학교로 방향을 잡았다.

지금은 혁신학교로 불린다. 금성초등학교는 문화예술교육, 주제통합교육과정, 생태주의, 공동체교육에 중점을 두고 있는데 무엇보다 중요한 것은 체험을 통해 직접 사물과 세계를 인식하게 하는 과정을 일차적으로 본다.

필자는 몇 년 전에 금성초등학교 학생들과 금정산생명문화축전을 진행하면서 교장선생님을 만날 일이 있었다. 그 때 교장선생님은 일을 하고 계셨고 소파에 학생 둘이 앉아 책을 읽고 있었다.

우리가 들어가니 책을 읽던 학생들은 인사를 했고 교장선생님을 향해 '나가야되요?' 라는 뜻의 눈짓을 보냈다. 우리가 먼저 학생들에게 그냥 그대로 앉아서 책 봐도 된다고 했더니 아무렇지도 않은 듯이 책을 읽었다. 애기를 나누던 중에 또 어떤 아이가 창문 밖에서 "선생님, 이거 나중에 누구누구가 찾으러오면 좀 주세요" 하며 창틀 위에 무언가를 올려놓았다.

교장선생님은 "응, 그래" 한마디가 다였다.

참으로 보기 드문 풍경이었다. 아이들은 학교 안에서 자유로워 보였다. 그 해 아이들과 아기장승 만들기를 했는데 아이들뿐 아니라 학부모들까지 함께 나서서 즐겁게 참여했던 기억이 새롭다. 금성초등학교를 나와 다시 내려와서 오른쪽으로 약간 오르막길을 오르면 금정산 국청사라는 일주문이 보인다. '국청사' (國淸寺)는 정확한 창건 연대는 알 수 없으나 조선시대 승병장이 사용하던 '금정산성 승장인' 이라는 철제 도장이 보관되어 있었는데 이를 통해 승군 작대(僧軍作隊)의 중심지였을 것으로 추정된다.

국청사에는 산성을 지키는 승병장이 거주하는 승군의 사령부가 있었

을 가능성이 크다. 금정산성은 서쪽으로 낙동강과 양산, 동쪽으로는 수영강, 온천천이 훤히 내려다보이는 탓에 왜구의 침입을 감시할 수 있는 천혜의 환경이다. 금정산성과 마을의 역사와 전설에는 호국의 뜻이 스며있는 곳이 많다. 국청사지(國淸寺誌)에 따르면 동래 부사 송상현, 부산진 첨사 정발, 다대포진 첨사 윤흥신, 승장 만홍, 정안, 성관, 관찰 등 수백 명의 신위를 모시고 제사를 받들고 있다는 기록이 있다. 나라와 백성을 구하려고 목숨을 바친 이들을 성심껏 모시고 그 넋을 위무하는 역할을 해 온 것이다. 의승군의 주요 거점이 있던 호국도량으로 또한 임란 중에 돌아가신 분들의 천도제를 봉행한 지장도량으로서 의미가 큰 사찰이다.

국청사 맞은 편 골목으로 내려가면 길 끝에 '킴스 아트필드 미술관'이 있다. 처음 그곳을 갔을 땐 어떤 화가의 개인 작업실인가 싶었다. 손가락 모양의 특이한 조형물들이 아무렇게나 자란 풀들 사이에 있었다. 슬쩍 들어가보니 새뜻한 노란색의 문이 있어 약간 가벼운 마음에 문을 열고 들어갔다.

킴스아트필드 미술관은 2006년에 개관해서 다양한 전시와 장르를 넘나드는 행사들을 진행해오고 있다. Kim's Art Field의 'Kim'은 한국에서 가장 많은 성인 김씨에서 따온 말로 모든 사람을 의미하고 'Art Field'는 미술뿐만 아니라 여러 예술 장르를 매개로 한 다원문화예술공간에 대한 지향성을 드러내는 이름이라고 한다.

홈페이지에서 개관 이래 지금까지 전시 및 행사 내용을 살펴보니 각 분야에서 출중한 이들의 이름을 발견할 수 있다. 산성마을 골목 안에 자리 잡은 작은 미술관의 공간을 훌쩍 벗어나는 필모그래피인 것이다. 알고 오는 사람도 있지만 골목을 서성이다가 우연히 발견한 작은 미술관 킴스아트필드에서 예상하지 못했던 예술적 감흥을 깜짝 느끼게 되는 일은 행운이다. 거기 더하여 2층 전시실에서 바라보는 산성마을을 품고 있는 금정산 남쪽 자락의 눈 맛은 시원하면서도 부드럽다.

늦은 가을, 해가 설핏 기울 때 빗살에 낱낱이 빛나는 벚나무의 붉은 잎사귀, 미술관 뜰 손가락 조형물 끝에 잠시 머무는 은근한 햇살, 2층 전시실의 작지도 크지도 않은 창을 통해 들어오는 서늘한 바람, 전시된 예술작품을 느긋하게 구경하는 사람들, 이 모두가 하나의 예술적 풍경이 된다. 예술은 일상에서 멀리 있지 않다.

미술관을 나와 왔던 길로 되돌아 올라가 국청사에서 학생수련원 쪽으로 조금 더 올라가면 길 가에 '허브랑 야생화' 하는 간판이 보인다. 산속의 작은 수목원 같은 곳인데 30여 년 간의 세월이 묻어있는 곳이다. 6000여 평의 부지에 각종 야생화와 허브, 곳곳에 사진 찍기 좋은 포인트들, 허브테리

아 까페에서 제공하는 화덕피자와 음료 등이 있다. 푸른 나무와 꽃들 사이를 느긋하게 걷기에 좋은 곳이다. 유아숲 지도사, 숲 해설가, 공예체험전문가 들과 함께 하는 다양한 체험프로그램도 운영하고 있다. 최근에 유아들을 대상으로 숲에서 하는 체험교육이 많이 늘었는데 일시적으로 자연과 함께하는 일회성 프로그램이 아니라 1년간의 자연의 변화를 지켜보고 그 안에서 자연과 공감하는 교육이 유아숲 지도사들에 의해 진행되고 있다. 습득하고 학습하는 것이 아니라 흙과 나무, 곤충과 동물, 햇빛과 바람 등 자연 속에서 직접 손으로 만지고 오감으로 느끼며 사람이 자연 속의 한 부분이라는 것을 어릴 때부터 배울 수 있도록 아이들에게 세심한 배려가 필요하다. 숲은 스승이다. 최근에는 사람들이 많이 찾다보니 까페들도 늘어나고 담장마다 새로 그려진 벽화들도 눈에 많이 띈다. 어쨌든 깔끔하게 정비가 되고 있다는 느낌. 그러나

만덕고개 능선길

개인적으로 아쉬움도 있다. 세상에서 가장 비싸며 유일한 컨텐츠는 시간이라는 생각을 가지고 있다. 금정산성, 산성마을이라는 가치는 다른 곳에서는 결코 느낄 수 없는 어떤 것, 대체 불가능한 어떤 것에 있다. 아직까지 다행히 남아있는 금정산성의 설화, 마을의 이야기들을 늦기 전에 끌어내어 제대로 형태를 갖추게 만들면 좋겠다. 그래서 지하철 타고 버스 타고 복닥복닥 와글와글 지내다가도 훌쩍 203번 버스에 올라 잠시 오래된 시간 속에 머물다보면 부대끼던 마음도 조금 잔잔해지면 좋겠다. 누구나 마음 속에 혼자만의 버스 한 대쯤 있으면 좋을 일이다. 어디론가 데려갔다가 데려다주는...

**황정미** 지식나눔공동체 이마고 대표

—

시인, 지식나눔공동체 이마고 대표, 금수현의 음악살롱 센터장을 맡고 있다.

생물학을 전공했으나, 문학과 철학에 관심이 많다.

현재 중구 산복마을 커뮤니티 문화센터에서

일반인과 연구자가 함께하는 니체강독, 그림책포럼, 독서토론회 등을 진행한다.

## 중구. 중구 1번 마을버스로 여행하기

**황정미** 지식나눔공동체 이마고 대표

"아이고, 조심하소. 넘어질라...... 일로 와서 빨리 앉으소."

대청 원로의 집 정류장에서 보수아파트 방향으로 오르는 중구 1번 마을버스를 타니 몸을 가눌 수 없을 정도로 차가 기우뚱거린다. 승객은 어르신들이 대부분이다. 아랫동네 자갈치 시장이나 부평동 시장에서 장을 보거나볼 일을 보고 귀가하시는 듯 손에 검은 봉지를 들고 계신다. 할머니 한 분이넘어지려는 나를 붙잡아 옆자리에 앉히시고는 젊은 사람이 다치면 어쩌려고그렇게 중심을 못 잡느냐고 걱정을 하신다. 이 버스는 거의 오르막길로 다니니 잘 잡아야 한다며 말씀을 이어가신다. 할머니 등 뒤로 바다를 품은 산복도로 풍경이 펼쳐진다.

할머니는 시집 와서 60 평생을 산복도로에서 사셨다고 한다. 이 마을버스가 참 고맙다고 하시며 안 그러면 이 산 고개를 어떻게 걸어 다니겠냐고하신다. 말씀 하시는 순간 중구 1번 버스가 덜컹한다. 마치 버스가 '암, 그렇고말고요!' 라며 크게 고개를 끄덕이는 듯 했다. 그렇게 길을 오르는 동안 연신 차체가 기우뚱거린다. 마을버스도 어르신들과 함께 노쇠해 가는 걸까? 천천히 오르는 마을버스 차창 밖으로 푸른 부산항이 아름답게 펼쳐진다. 고요히 정박해있는 바다를 말없이 바라보시는 할머니 옆모습에서 삶이란 저 큰 바다 같은 것이라는 마음을 읽는다. 풍랑이 일면 곧 죽을 것 같지? 하지만 그 풍랑의 힘으로 나아가는 거야...... 라고 말씀하시는 듯 고요한 표정. 중구 1번 마을버스를 타고 원도심 중구를 구석구석 돌아보며 그 이야기들을 읽어내는 일은 어쩌면 나의 삶에 큰 힘이 될 수도 있겠다는 생각을 해본다.

할머니는 시집 와서 60 평생을 산복도로에서 사셨다고 한다.

## 민주공원(중앙공원) : 중앙도서관 하차

마을버스는 중앙도서관임을 알리고 나는 하차 벨을 누르고 내렸다. 매미 소리가 여름 산을 뒤덮었다. 시원한 그늘을 따라 가면서 도심 속의 숲을 느낀다. 울창한 측백나무에서 기분 좋은 피톤치트 향이 난다. 그냥 길을 따라 걷기만 해도 복잡한 마음이 치유되는 느낌이다. 중앙 도서관 정문으로 들어서는 사람들의 표정이 마치 한 권의 교양서인 듯 진지하다. 숲 속에 위치한 도서관에서 모든 걱정거리를 다 내려놓고 책 속 세상으로 풍덩 빠지고 싶은 생각이 간절하다. 문득 새소리가 들린다. 도서관 안으로 향하던 마음이 새소리를 따라 통통 뛰어 오른다. 그 때 눈앞에 불쑥 솟아오른 기다란 솟대! 거칠게 조각된 솟대 위에 마음을 앉혀 본다. 산 속 기러기가 되어 저 아래 세상을 내려다보니 마음이 고요해진다. 아래로 흐르는 길. 그 길에 마음을 내려놓으라고 기러기가 말한다.

솟대의 긴 장대는 신이 내려오는 길이며 그 장대 끝의 새는 길한 기운을 내려주는 신의 심부름꾼이라고 하는데 여기에 솟대가 있는 이유가 뭘까? 원도심의 지붕인 듯 높은 곳에 위치한 민주공원에 세워진 솟대로 하늘은 조용히 좋은 기운을 내려주고 있었던 것일까? 알고보니 민주공원 곳곳에는 박병목 작가(동양화, 탱화 전공)가 조각한 솟대가 20개 정도 있다고 한다. 박병목 작가는 민주공원 뿐 아니라 일본의 후쿠오카와 오사카에 있는 우리나라 징용자들의 무덤에도 솟대를 세울 예정이라고 한다. 바다 건너 일본의 대마도가 보이는 이 곳 민주공원의 솟대와 징용 끌려가서 돌아가신 우리 선조들의 한을 담은 솟대가 서로 마주보고 서로의 기원을 교환할 수 있으면 좋겠다는 바람을 가져본다.

중앙공원 정류장을 지나 편백나무가 무성한 숲으로 발걸음을 옮겨본다. 새소리가 이런저런 생각으로 복잡했던 머릿속을 맑게 해준다. 키 큰 메타세콰이어 나무 아래 서니 더운 날인데도 서늘한 바람이 분다. 도심 속에 이런 울창한 숲이 있다니, 마치 큰 선물을 받은 듯하다. 마을버스를 타고 내 발로 찾아와 자연에게서 받은 큰 선물! 역시 기쁨이란 나 스스로 찾아야하는 것이라는 생각이 들며 우연한 기회에 이런 시간이 주어진 것이 무척 감사하다.

### 대청동 산복마을 : 중앙공원 하차

중앙공원 정류장에서 산책로를 따라 계단을 내려오니 좁은 길의 벽에 벽화가 알록달록하다. 벽화에는 이곳이 산리 마을이라고, 영주동의 옛 지명이라고 되어 있다. '산리' 라면 산의 마을이라는 뜻인데 여기에 마을이 형성된지 오래 되었나보다. 벽화 거리에 '거리 갤러리' 라고 소개 되어 있다. 작가들이 공모 형식으로 그림을 그렸는지 수상작에는 상패가 붙어있다. 걸어가며 작가들의 그림을 보는 재미가 쏠쏠하다. 그 중 '산리의 호랑이' 라는 작품은 벽에서 호랑이가 금방이라도 튀어나올 듯 눈빛이 성성하다. 마을의 정자인 듯 쉼터로 꾸며진 곳에는 마을 할머니들이 나와 담소를 나누고 계신다. 여기도 주민의 대부분이 노인이다.

일방통행 길을 따라 조금 더 걸어 내려오니 탁 트인 공원 같은 곳이 나온다. 아래 버스길에서 보면 대청 공영 주차장의 옥상이고 위로는 일방통행 길의 중간쯤인 곳에 조성된 곳인데 이전에는 쓰레기장이었으나 마을의 쉼터로 꾸며 놓았다. 탁 트인 조망이 훌륭한 곳이다. 나무 벤치에서 마을의 어르신들이 이런저런 이야기를 나누며 다정한 시간을 보내고 계신다. 얼마 전에 설치된 망원경으로 자갈치와 용두산 공원, 부산항 대교, 영도와 남항대교가 내려다보인다. 어르신들이 날이 맑으면 대마도도 보인다고 하신다. 이곳은 특히 야경이 아름다워 산복도로 야경 9경 중 제 5경으로 선정되었다고 한다.

한가롭게 앉아 계시는 할머니 중 한 분께 여기에 사신지 오래 되셨냐고 여쭤보니, 피난 내려와서 쭉 이곳에서 사셨다 한다. 고향이 황해도 연백평야인데 6.25 한국전쟁 때 이남으로 간 남편을 찾아 탱크나 군수물자를 나르는 아구리배를 타고 군산항에 내려 부산 중구의 사십 계단으로 와서 극적으로 남편을 만났다고 하셨다. 그 때는 남편만 찾으면 바로 고향으로 돌아갈 줄 알고 여섯 살이던 큰 딸을 시부모님께 맡겨놓고 네 살의 작은 딸만 데리고 나왔는데, 그 후로 이북에 있는 큰 딸을 만날 수 없게 되었다는 안타까운 사연을 말씀 해 주신다. 옆에 앉아계신 할머니는 해방 때 일본에서 야매배를 타고 죽을 고비를 몇 번이나 넘겨가며 근근히 부산으로 들어와 서구 대신동의 꽃마을에 살게 되었다는 이야기와 나뭇가지를 주워 팔기 위해 구포까지 산을 넘어가서 산더미만큼 나뭇가지를 이고 대신동 장에 갖다 팔았다는 이야기를 하신다. 도무지 상상할 수 없는 사실들이다. 그 엄혹한 세월을 견뎌온 어르신들의 이야기를 들을 때면 어르신들 덕분에 오늘날이 있다는 것을 늘 새로 깨닫는다.

### 금수현의 음악살롱(커뮤니티 문화센터) : 대청원로의 집 하차

마을의 쉼터에서 산 쪽으로 바라보면 금수현의 음악살롱이 있다. 금수현의 음악살롱(커뮤니티 문화센터)는 2013년 7월에 산복도로 르네상스 사업의 일환으로 개관한 마을의 커뮤니티 공간이자, 국민가곡 '그네'의 작곡가 금수현 선생이 대청동에 거주하셨던 때를 기념하는 공간이기도 하다. 이곳에서는 대청동 산복마을 주민들이 인근 동아대 인문학 교수를 모시고 '인문학 함께 읽기(니체, 반야심경 등)' 를 하고, 예술가들과 젊은 엄마들이 함께 그림책을 연구하는 '그림책 포럼' 을 일주일에 한 번씩 열고 있으며, 마을의 작은 역사를 인형극으로 만드는 작업을 지속하고 있다. 한 달에 한 번씩 책을 읽어 와서 토론하는 '방방곡곡 독서토론회' 를 열고 있으며, 마을 합창단 연습으로 매주 '김준 노래교실' 로 마을이 행복해지는 중이다. 또한 마을의 유일한 놀이 문화였던 화투놀이를 매개로 문화예술교육의 장을 펼치는 '놀이하는 산복마을 : 호모화투스' 라는 프로젝트를 진행 중이며, 영화감독과 함께 마을 주민들이 직접 작은 영화 만들기를 계획하고 있다. 또 앨범 속에서만 바래가고 있던 옛날 사진들을 확대 인화하여 전시하고 있다. 그 때 그 시절 이야기들을 넣어서 마을 사진전을 지속적으로 진행할 예정이다. 금수현의 음악살롱은 문화예술로 마을이 화합되어 행복해질 수 있음을 실천하는 중이다. 모든 프로그램은 시민 누구나 참여할 수 있다. 많은 사람들이 피란시절 역사와 좋은 풍광을 품은 이곳에 와서 함께 책도 읽고 다양한 프로그램에 참여함으로써 자신의 삶도 함께 되돌아보기를 문화센터 센터장으로써 바라는 마음이다.

### 보수동 책방골목 : 중구 노인복지회관 하차

중구 노인복지회관에서 하차하여 좀 더 걸어 내려가면 보수동책방 골목에 다다른다. 보수동 책방골목에 오면 우선 학교 다닐 때 참고서를 사거나, 전공서적을 구할 때, 또 아이들이 어렸을 때에는 그림책 전집을 구하느라 헌 책방 이 집 저 집을 기웃거리던 기억이 난다. 헌 책 냄새가 골목 전체에 배여 있는 곳. 나의 삶의 흔적도 그 한 귀퉁이에 보석처럼 숨겨져 있는 곳이다. 고서를 전문으로 취급하는 양수성씨는 부친의 가업을 이어받았고, 부산 문화의 일익을 담당하면서 보수동 책방골목의 번영회장의 역할을 톡톡히 수행하

헌 책 냄새가 골목 전체에 배어 있는 곳.

고 있다. 양수성 회장의 고서점 바로 옆, 남해 책방은 오랜 세월 보수동 책방 골목의 역사와 함께 해오면서 요즘에는 인터넷 헌 책방도 운영하며 인터넷 시대에 걸맞은 운영을 해나가고 있다.

보수동 책방골목은 8.15 광복 직후 일본인이 남기고간 책들을 난전을 벌여 팔면서 그 역사가 시작 되었다. 책이 귀하던 시절, 학생이나 직장인들이 이곳에서 책을 팔고 또 필요한 책을 되사서 읽는 일들이 흔했으며, 헌 책방이 이렇게 한 곳에 모여 있는 거리는 전국에서도 유례가 없을 정도로 특별한 곳 이기도 하다. 책방 사이를 거닐며 옛날에 책을 사러오던 때로 되돌아 가본다. 책방 골목에서 책을 고르다가 배가 고파지면 단팥 도넛과 찹쌀 도넛을 한 개 씩 사서 함께 간 친구와 한 입씩 나눠 먹기도 했다. 책방 골목 입구에는 지금 도 그 도넛집이 그대로 있다.

그러고 보면 책방 골목은 과거와 현재가 한 공간 안에 공존하는 아주 특이한 곳이다. 옛날 그대로의 책방과 모던한 분위기의 북 카페, 시인이 운영하는 특별한 공간, 옛날 책방에 탁자를 들여 놓고 커피향이 은은히 퍼지는 카페로 변신해가는 곳 등등. 헌책이나 옛날 물건들이 마치 오브제인 듯 배경이 되어가는 곳. 최근에는 어린이 도서관이 들어서서 어린이들이 마음껏 책을 읽을 수 있는 공간도 생겼다. 책방 골목에 오는 어른들과 아이들이 언제든 각자 책이라는 배를 타고 낯선 곳으로 항해를 할 수 있는 곳. 책방골목을 벗어나면서 삶이란 이렇듯 현재와 과거가 통째로 뒤섞여 있는 것이 아닐까 생각을 해본다.

### 카페 플루 : 부평시장 하차

책방 골목 입구에서 다시 중구 1번 마을버스를 타고 다음 정류장인 부평시장에 내려 요즘 더욱 고급스러워지고 있는 어묵 집들을 지나다보니 문득 출출해진다. 당면과 떡볶이, 오뎅과 국수를 파는 집 앞에 멈춰 선다. 하도 유명해져서 방송에 몇 번이나 출연했는지. 당시의 영상 화면을 캡처한 큰 판넬이 즐비하다. 비닐 씌운 탁자에 앉아 비빔 당면을 후루룩 삼키니 어린 시절로 마음이 한 순간에 돌아간다. 일주일에 한 번씩 엄마를 따라 목욕탕 가는 길은 영락없는 외식 날이었다. 목욕탕은 시장 끝에 있었고, 엄마가 이태리 타올로 홀랑 껍데기를 벗겨 벌게진 나를 달래주던 건 시장 좌판의 당면과 정구지전 이었다. 네모난 철판 위에서 달구어져 졸아든 짠 간장에 생선전을 찍어 먹던 맛도 최고였다. 여기 부평동 시장에도 오랜 세월 전을 부쳐 팔아온 난전이 있다. 기다랗고 낮은 나무 의자에 앉아 철판에서 지글지글 소리를 내며 방금 구워진 정구지전과 빈대떡, 그리고 명태 한 마리가 통째로 굽힌 명태전을 먹을 때면 항상 어린 시절 그 때로 잠깐 돌아가는 신기한 경험을 한다. 부평동 시장에서 국제시장 쪽으로 골목을 나오면 '카페 플루' 가 있다. 아메리카노 한 잔에 이천 원! 시장의 카페에 딱 맞는 가격이다. 카페 안으로 들어서면 마치 커피 공장 같은 느낌이 난다. 시장에 어울리는 카페, 그래서 푸근하다. 갓 로스팅 된 커피를 저렴한 값에 맛 볼 수 있고, 조금만 더 무리를 한다면 바리스타가 직접 드립해주는 오늘의 커피를 맛 볼 수 있다. 시장과 카페. 어린 시절의 추억에서 벗어나 갑자기 멋진 어른이 된 듯한 느낌. 이 부평동 시장이 바로 그런 곳이다. 걸어 다니는 매 순간 마법처럼 내 인생의 어떤 순간으로 빙그르르 돌아갈 수 있는 곳. 그 밖에도 부산에서 제법 규모가 큰 시장답게 없는 물건이 없을 정도로 구경거리가 풍성한 곳이다. 부평동 시장 안에는 깡통 시장이 있다. 깡통 시장이라는 이름도 미군정 당시 미군들의 군수물자가 반출되어 유통되던 곳이라는 이름에서 유래 되었다고 한다. 어릴 때 국방색의 레이션 박스 안에 들어있던 영어 단어가 가득 써 있던 깡통이 생각난다.

부평동 시장에서 국제시장 쪽으로 길을 건너서 2층으로 올라가니 청년 몰 6공구가 있다. 중앙동의 원도심 문화창작공간 또따또가의 청년 작가들이 이곳에 작은 몰을 만들어 예술과 상업성이 적절히 가미된 특이한 상품들을 만들어 팔고 있다. 이곳은 국제시장 2층의 포목전 등을 현대식으로 개조하여 과거라는 뼈대에 현대의 세련된 옷을 입힌 공간이라고 할 수 있다. 이름도 6공구라는 국제시장의 구획명을 그대로 살려 609(육공구)라는 이름을 쓰고 있다. 가게를 하나하나 들르다보면 나도 예술창작을 할 수 있을 것만 같은 체험과 저렴한 값에 예술 작품을 살 수 있는 행복을 누릴 수 있는 신기한 곳이다.

마을버스는 큰 버스가 들어가지 못하는 좁은 공간을 꼬불꼬불 파고드는 작은 매력을 지닌 교통수단이다. 게다가 환승이 되니 차비 걱정도 없다. 여행 중에 최고 여행은 걷는 여행이겠지만 무작정 걷기만은 할 수 없는 일 아닌가? 그럴 때 바로 이 마을버스를 타고 여행하기를 권한다. 천천히 가는 슬로우 여행으로 제격이다.

중구 1번 마을버스는 부산 원도심의 역사와 애환 그리고 스토리텔링을 담은 길을 하루에도 수십 번씩 오르내린다. 마을버스 안에서도 역사는 만들어지고 그 길과 동네에서도 역사는 계속 만들어지고 있다. 마을버스를 타서 그 안에서 만나는 사람들의 삶을 가만히 들여다보자. 어르신들이 거의 대부분인 승객들의 그 모습 속에서 우리들이 걸어온 길이 보인다. 옆에서 가만히 말을 걸어보아도 좋다. 실타래 풀려나오듯 줄줄 엮이어 나오는 작은 역사 이야기가 마을버스 바퀴 굴러가듯 구를 것이다. 그 이야기를 맞장구쳐가며 듣다보면 어느새 마음이 밝아진다. 참 행복해지는 여행. 중구 1번 마을버스 여행을 떠나보자.

부산문화재단 사람 · 기술 · 문화총서 4

## 까꼬막을 오르다 이바구를 만나다 부산의 마을버스

**초판 1쇄 발행** 2017년 12월 20일

**기획**　　　　 부산문화재단 기획홍보팀

**발행인**　　　 부산문화재단 대표이사 유종목

**발행처**　　　 부산문화재단

　　　　　　　 48543 부산광역시 남구 우암로 84-1 (감만동)

　　　　　　　 T. 051-744-7707 F. 051-744-7708 www.bscf.or.kr

**글쓴이**　　　 강동진, 강성민, 강정이, 권정일, 김기영, 김소라, 김재원, 김정화, 동길산,

　　　　　　　 박수정, 배길남, 쁘리야김, 서화성, 심규환, 윤영화, 이미욱, 임회숙, 장현수, 황정미

**편집위원**　　 강동수, 김대갑, 동길산, 쁘리야김, 홍동식

**책임편집**　　 조정윤, 안혜민

**디자인**　　　 멤피스(MEMPHIS)

**제작 및 유통** 도서출판 호밀밭

ISBN 978-89-98937-75-1　04060

(세트) 978-89-98937-28-7